王凤仪先生德相

王凤仪先生（1864—1937），辽宁朝阳人，清末民初伟大的觉者和道德教育家。幼家贫，不曾读书，为人佣工，因笃尽伦常，下学而上达，明心见性，被誉为"儒家之慧能"。

# 家庭六步教育

王凤仪先生思想学习组 编

世界知识出版社

**图书在版编目（CIP）数据**

家庭六步教育 / 王凤仪先生思想学习组编．

—北京：世界知识出版社，2014.10

ISBN 978-7-5012-4725-7

I. ①家… II. ①王… III. ①家庭教育 IV. ①G78

中国版本图书馆CIP数据核字（2014）第200893号

**家庭六步教育**

Jiating liubu jiaoyu

| | |
|---|---|
| 编　　者 | 王凤仪先生思想学习组 |
| 策　　划 | 世知东方　　　责任编辑　薛　乾 |
| 特邀编辑 | 杨　静　　　　责任出版　刘　喆 |
| 装帧设计 | 周周设计局　　内文制作　宁春江 |
| 出版发行 | 世界知识出版社 |
| 地　　址 | 北京市东城区干面胡同51号（100010） |
| 网　　址 | www.ao1934.org　www.wap1934.com |
| 联系电话 | （010）58408356　58408358 |
| 经　　销 | 新华书店 |
| 印　　刷 | 北京盛源印刷有限公司 |
| 开本印张 | 880×1280毫米　1/32　3印张 |
| 字　　数 | 57千字 |
| 版次印次 | 2014年10月第一版　2014年10月第一次印刷 |
| 标准书号 | ISBN 978-7-5012-4725-7 |
| 定　　价 | 6.00元 |

（凡印刷、装订错误可随时向出版社调换。联系电话：010-58408356）

# 目 录

## 家庭六步教育

**002** 第一编　根本教育
根本教育 // 妇德根本 // 男纲根本

**007** 第二编　胎教
胎教意义 // 胎教修养 // 胎教卫生 // 临产及产后略说

**013** 第三编　襁褓教育
襁褓教之浅言 // 旧习襁褓之害 // 襁褓教之改善

**016** 第四编　乳教
小儿哭时哺乳之害 // 小儿仰卧哺乳之害 // 气禀不化哺乳之害 // 心性暴动哺乳之害 // 乳妇应知应行

**021** 第五编　婴儿教育
婴儿教之简略 // 婴儿教之弊害

**024** 第六编　儿童教育
儿童教育之重要 // 儿童体育之向上 // 儿童智育之启发 // 儿童德育之培养 // 儿童过犯之规诫 // 入学时期的注意点

**031** 家庭六步教育口诀

**032** 胎教与优生

040　典型实例

048　生理宝录
　　　一、如何优生优育 // 二、已婚者禁忌 // 三、欲事忌讳

054　四爱浅说
　　　**博　爱 // 慈　爱 // 疼　爱 // 溺　爱**

057　教养子女之方

059　教与管的区别

062　为了妇女的解放

## 家庭伦理教育

068　**一、慈道**
　　　（一）领教而非管教 // （二）多为儿女培德 // （三）别给孩子灌毒

072　**二、姑娘道**
　　　（一）姑娘是人类的源头 // （二）姑娘性如棉

075　**三、媳妇道**
　　　（一）媳妇性如水 // （二）娶媳妇是接神 // （三）孝敬公婆 // （四）喜爱丈夫 // （五）伦常不能颠倒 // （六）生一个好孩子

079　**四、夫妇道**
　　　（一）夫妻和合 // （二）男刚女柔 // （三）四大界夫妻 // （四）互不管辖 // （五）相互温暖 /// （六）不要轻易离婚

087　**五、老人道**
　　　（一）老人性如灰 // （二）不专制儿女婚事

# 家庭六步教育

# 第一编　根本教育

## 根本教育

　　根本教育，如木之有本，水之有源，简言之，即先天之根本也。在夫妇未有子女以前，先须求根本之确立。这本立道生的法则，是王凤仪先生发明家庭教育之研究，系对夫妇二人说法的。

　　察夫妇为人伦之始，造万化之端。男主刚正，其性主动，动而为阳；女本柔和，其性主静，静而为阴。故曰阴阳合天地气顺，夫妇和子孙必昌。

　　夫妇就是未来子女的父母，也可以称为是子女的根本。当儿胎受孕以前，为父者心性光明行为正大，为母者性情温柔娴良贞静。若孕儿父母先有道德精神的涵养，纯乎善因，于受胎之初，即得先天良好之根本，将来定生贤明俊秀之子。故曰：父母性善，子女性亦善；父母性恶，子女性亦恶。好似辣椒结子，其味必辣；酸梨结子，其味必酸。比如种瓜得瓜，种豆得豆，是生物之自然也。种善因结善果，种恶因结恶果，此因果之定律也。人为高尚之动物，亦未越乎生理因果之外。

　　然欲求未来子女体智发展，希望成就超群拔萃之人物，非由先天钟灵之正气根本上结成，是不可能的。自古圣母养贤女，恶夫生孽儿，所以有孟母才有孟子。至于一母生子其性不同的说法，奈因人有七情六欲的应时感召，加以环境善恶的变迁，就是大不相同的原因。叫他自查有子的年月日时，曾受何等的感触：

如处顺境，性情清明，心气和平，生子必善；若遇逆境，性动情迁，心地不平，生的子女，气象亦必不平。王凤仪先生曾说新家庭夫妇，要天地定位。这话是要男子法天，其性如天之清；女人法地，其性如地之宁。若男子性情乖戾，好使气禀，是谓天不清；女人性情浮躁，恨怨多气，是谓地不宁。男子性中有病，好似栽花伤根；女人性质不良，恰如种谷遇着地雾似的。可知受孕时前，父母性、心、身的善恶遗传，关系将来子女的性、心、身之善恶，此乃自然之理。凡家庭间为父母者，对于培根固本，岂可轻忽！

是以根本教育的良否，关系子女之贤愚甚重。各界人士多愿产生佳儿贤女，以遂己愿，要达成此念，当由本身做起。先有道德之行，广种善因，固本培元，使孕儿得受良好之根本，定生麟趾之佳儿。夫天地化生万物，各有遗传之根本性，绝无差异，飞潜动植，亦无不各从其本类之个性。是以根本教育为人类生理上重大之问题，可以共同研究，而家喻户晓者也。

## 妇德根本

王凤仪先生常说"女子为世界的源头"，又说"要想世界好，必由女子身上做起"。有的说女子为未来国民之母，关乎家庭的繁荣、世运兴衰。各种道理，因为有贤女然后有贤妻良母，有贤妻良母能生贤明子女，家庭有贤明子女，就是国家的健全国民，可见妇女的责任重大。

对这木本水源的根本问题，是应当注意加以研究的，不唯能造家庭幸福，且做未来子女的根本。王凤仪先生提倡"妇德女道"，费尽心血兴办女义学，为的造成贤妻良母，实现"正本清源"复立人根的愿望，要求妇女立身行道变化气质。曾言媳妇性如水、意为根，托满家为己任，比作一家的喜星，这话内含四德，"德、言、容、工"的寓意很深。若是媳妇生性贤淑，或在母家受过良好的教育，过得门来，定然能担当治内"主妇"的责任：协理家政，助夫成德，事翁姑以色养，处家庭以和乐。对妯娌小姑情感圆融，遵行妇德女道，立孝悌的根本。意主诚敬，一团和气，雍雍睦睦；性情如水的柔和，能低矮就下，勤劳工作，随方随圆，合色合味；又能随遇而安，无忧容无愁色，如水之活泼泼的。这样尽道，尽得圆满、尽得真了，便算是妇女的至德，达到坤道地宁之目的，也就是根本教育的善因，将来定生贤孝子女，有功于家邦，德莫大焉。例如以水比喻，污池之水多生泥鳅黑鱼，沧浪之水偏生鲫鱼，如清水江流能产金鳞之鲤，汪洋大海深潜变化蛟龙，便是根本教的铁证。这是专对妇人们，立身于根本教育的简略说法，愿诸明哲，加以参考，尽力发挥，是所切望。

## 男纲根本

王凤仪先生曾说："我把家人的道明白了，家人都佩服我，我就算齐家。"又说："男子要知女人怎当，女人要知男子怎当。"这话是教女子知三纲、本三从以助夫成德，教男子明坤道、本乾道实行纲领之道，是皆求根本向上的用意，希望将来的贤子女，立后世的人根。

我想人人心里都想娶贤德之妇，但是其中还有因果的支配，亦不可幸致，有的说是"天作之合"的，有的说是"前生姻缘"的，根据这两句论点，男女的结配，不是偶然的。曹大家（音 gū，即东汉班昭，著有《女诫》）说："夫妇之道，参配阴阳，通达神明，信天地之弘义、人伦之大节也。"若求得淑女做内助，那是一生的庆幸和幸福。如遇性情偏僻之女、刁愚妇人，不顺情理，不遵妇道，做男子的是必要定住自己本位，用纲领导入正轨，示当然之义理，明夫妇之正谊。若不以乾纲道去领导，那可就失去夫为妻纲的责任了。这三纲里头夫为妻纲的道，就是给男子预备的，可不是让你打三纲、骂三纲，若是管不起，再来个怕三纲，那就太可笑了。

曾听王凤仪先生说："夫为天妇为地，不以道处夫妇便是违天地。"又说："男子打自己女人还有罪过。"这话越想越对，证明君子之道造端夫妇，不但是尽伦常之道，还希望生男育女，承继祖德，将来光大门庭，倘或加以毒打恶骂的责斥或压制，为妇女的多半心狭意窄，要每日愤恨不休，抱屈含怨。这样的气质，于根本教育上有极大的影响——如果适逢其会，在这时候有的孕儿，将来生的子女，恐怕是忤逆的，或者恶劣的。孟子说"不孝有三，无后为大"，其中寓意是说，无好后人，败坏祖德那是大事，不专指无儿女的片面说法。

所以说为男子的，若明乎三纲之道，这性纲、心纲、身纲之内，还包括有三纲正、三纲领、三纲法、三纲制之要领，最好是能以身作则，外立德善，内行孝悌。夫义妇自顺，感到夫妇好合，如鼓琴瑟，自然夫唱妇随，相敬如宾。这是夫妇道行到圆满的景象。所以凤仪先生说："道是阴阳，阴阳就是夫妇，夫妇各正本位就是了。"先立阴阳和合的根本，将来定生贵子，对于祖德才算尽孝，不然是真有罪过。凤仪先生的话包藏深意，是太对了。希望男界们要明天理、明道理、明性理，加以深刻的理解，做到纲德中正天清的地步，立根本教育的基础，留贤明子孙，万世其昌。此是专为男界们立身于根本教育上说的，望高明之士斧正，幸甚。

根本教育诗云：

喜星媳妇得贤良，天性温柔是妙方。

若欲家庭生贵子，劝君切莫打三纲。

# 第二编　胎教

## 胎教意义

　　胎教一节，是于受孕后，儿胎居于母腹，与母体本属一脉，经络相关，气息相通，关系胎儿一生寿夭、体格强弱、智愚贤否，实为重要。古来注重胎教，从涵养自己性情，讲求自己生理，以固卫生的根本，对于胎儿的健全，完好颖秀，自然福德具足，确有感应性，所以有研究的必要。若研究到恰好处，真能夺数。何谓夺数呢？就是应分生愚的，也能生贤的；应分生个坏的，也能生个好的，这叫夺数。可见天地间事事物物，没有一处不用道的。若心存道德志在圣贤，定生英俊人才；若心存邪欲专好奸贪伪诈，必生败子凶徒。胎教之意义，实教之于母，应由怀孕之母行之。做妇女的关于生儿育女责任甚重，可是能明白胎教的很少。经云："人莫不饮食也，鲜能知味也。"诚哉斯言！若真明白胎教的妇人，于正气受孕后，必主敬存诚，举止庄重，为子女良好之基础。如物处于模型，亦如成实子种，播耕于膏腴土内，必达嘉禾丰登之兆；否则土质斥卤，绝难发生好芽，更无收获之望。考古圣先贤，如文武周公孔子孟子，若不是母亲深明胎教，也未必达到圣人之域。深望家家妇人当法古之圣母，注重胎教，精究深义，以期贵子，则家庭幸甚，国家幸甚！

## 胎教修养

当怀胎之始,亟宜栽培心地,涵养性天,克己复礼,必戒必慎。是以耳不听恶声、争吵乱音,不闻是非之语,勿听不吉之言,是守"非礼勿听"之义也;目不视恶色,不看邪僻丑陋,勿观杀害凶暴,不见奇形怪状,是守"非礼勿视"之义也;口不出恶言,不道妄语、绮语、两舌,尤不可讲怪力乱神故事,是守"非礼勿言"之义也;行必稳,坐必正,寝不侧,立不跸,割不正不食,席不正不坐,是守"非礼勿动"之义也。动容周旋务求中正,喜怒哀乐宜求中节,洁整衣装,清净屋宇,壁上多悬圣贤哲士之像,案上陈列圣经贤传之书,使孕妇观感而生纯洁高尚之思想,则胎元因之化合,将来产儿必然聪明俊秀,脑力充分,富于思想。及至成年,定是奇才多能,做国家之栋梁,经邦济世,所谓人定胜天必矣。

古来留的遗注,妇女带戒指一节,不是一种装饰品,是禁戒的意思。要节欲,严戒房事,一切谨慎,如龙养珠一般。言语宜安详和蔼,存想尤宜正大光明。如昔时孔子之母在尼山祷告后,及至有孕,每日斋戒,不敢起一邪心,生一妄念,一片至诚,要生贵子,担当济世化民的责任,后来果然生孔子,胎教的效果,可以想见。

希望孕妇们,在养胎时期,自身亟应保全健康,念念存仁,纯然天理,生感恩报德的思想。性光圆满活泼泼的,要喜

气欢悦的样子，精神常得愉快，自然能生中和之气，使胎儿得受氤氲之正气，煦照胎儿之周身。此乃天良之光，如九天太阳一般，常常照耀胎儿，不但能照化小儿之阴质业力，且能照活小儿之天性，是谓真慈母。这是胎教绝神绝妙之良方，留心胎教者，何不试行之？

妇人们在十月保胎时期，万望莫以气禀性用事，谨戒悲哀，勿生忧恐。若孕妇性情乖张，愤怒无常，阴郁之气，集聚于内，胎儿被不正之气，萦绕于心灵，将来产生子女，不是夭亡，便是多病。儿在胎中就给种上毒气，是谓胎时未得先天之正气。这不明白胎教的妇人，于无形中害其子女，甚可警也。论说气禀性不化除之害处很多，兹以孕妇胎儿受病的原因，用四字韵语，稍微发挥之，以供明哲之研究。凡作种种之病，定是五阴性质之害：

阴木不化，怒气冲冲，小儿落草，就得抽风。

阴土死板，又犟又谬，生下小孩，面黄肌瘦。

女性太弱，阴水愚鲁，往往生孩，寒气在腹。

又急又躁，阴火内炎，生孩不育，非黄即疳。

阴金好分，口如刀锉，小儿下生，虚喘咳嗽。

性质不良，家庭不幸，何故夭殇，胎中受病。

按五行性道理详细推求，孕妇要常发作五阴气质，实是影响胎儿。就是长成之人，也被这五毒"恨怨恼怒烦"所害，人要为一朝之愤，气禀性发作，耍大脾气，如同下大雾一般，一切青苗都能雾坏。可想那胎中小儿，比小苗还柔嫩，哪能受了孕妇的心

性暴动，发作大脾气呢？如果气质不变化，虽富贵之家多学多识者，敢说亦难求贵子。希望妇人们速速觉悟，若认识自身之责任，勿做已往之迷梦，切莫自误而误人，对于家庭和国家有偌大之关系。无论有孕无孕，最好上道德讲习班，学学妇德女道，及性理伦理，那益处可就太多了。

## 胎教卫生

近来文明进化之国，皆注重胎教，不过多行之于富贵之家，有的妇女受孕后，以为在家不便涵养，往往有入医院的。保育孕妇之医院设备完全，医学博士对于胎产很有充分的研究，孕妇在此十月之期，起居有时间，饮食有节度，动静有方法；劳逸过度，饥饱不均，或暴喜暴怒，一概禁止之；居室的清洁，饮食的调和，处处都合理化。

我国旧俗，富有家庭的孕妇，在保育胎儿时期，便不去劳作而又过于安逸。不知运动，则筋骨柔脆，气血不行，体力渐渐变弱，妨碍胎儿的发育，略有伤触便致堕胎。贫苦家庭的孕妇，为谋求生活，只顾一时目前利益计，奔波工作而不惜激烈的劳动，有伤身体，影响胎儿。适中的保育胎儿之善法，孕妇宜习小劳为妙，时常行动，不可久坐久卧，亦不可伸手高处取物，要防跌扑。睡眠须要两边换睡，不可尽睡一边，以免小儿形貌偏斜。饮食宜淡泊，不宜肥浓；宜轻清，不宜重浊；宜甘平，不宜辛热。青蔬白饭，富于养分，何必厚味？但妊娠中好犯的偏食毛病，喜

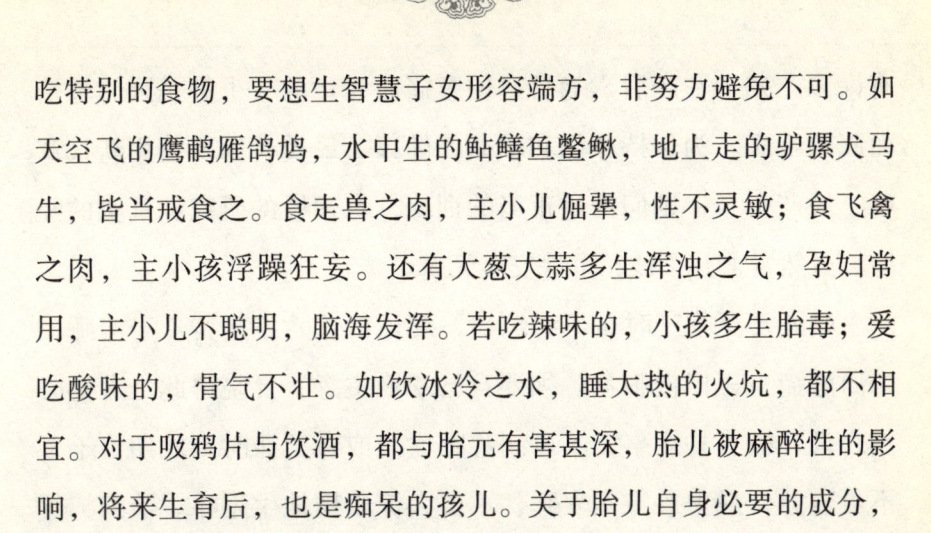

吃特别的食物，要想生智慧子女形容端方，非努力避免不可。如天空飞的鹰鹳雁鸽鸠，水中生的鲇鳝鱼鳖鳅，地上走的驴骡犬马牛，皆当戒食之。食走兽之肉，主小儿倔犟，性不灵敏；食飞禽之肉，主小孩浮躁狂妄。还有大葱大蒜多生浑浊之气，孕妇常用，主小儿不聪明，脑海发浑。若吃辣味的，小孩多生胎毒；爱吃酸味的，骨气不壮。如饮冰冷之水，睡太热的火炕，都不相宜。对于吸鸦片与饮酒，都与胎元有害甚深，胎儿被麻醉性的影响，将来生育后，也是痴呆的孩儿。关于胎儿自身必要的成分，都是分取母体的养分，孕妇的卫生和健康，与胎儿有密切的关联。所以妊娠中得要充分摄取良好营养，常吸收新鲜空气，多受取日光紫外线，再加以柔软的运动，是为胎妇最高尚的卫生。

胎教诗云：

克念存仁天性开，管教凡骨换圣胎。

德宏量大真祥瑞，伫看麒麟送子来。

## 临产及产后略说

以上所说各节，全是保胎事项，至于临产以及产后，还要略进忠告。我国妇女临产时，向多任用旧式产婆（接生婆）以为方便，以节费用，岂知误人性命的很多。这旧式产婆，未受过正当教练，无有真实的研究，对于生产方法，消毒方法，点眼法，口内清洁法，都完全不懂，尤惯于滥施刀剪，手术更不洁。例如割断脐带的事，都用那不洁的器具，是最容易引起抽风病的。还有许多产妇，在产后六七日，便腹痛而死亡的，也都是因为不洁而起的毛病。为保持产妇和小儿的健康，最妥善的要任用新式产婆（助产士），她们受过正当的训练，有理性的研究和真实的经验。虽然费上几个钱，可保安全无虞。

妇人要至临产时，不必惊慌，要记好这六字真言：一曰睡，二曰忍痛，三曰慢临盆。须要自己拿稳主意，要晓得此是人生必然之理，极容易之事，不可胡乱临盆。或有延滞时刻之期，千万不可着急，最上妙方是安睡，不要大惊小怪地生恐吓。孕妇神气一乱，即生危险，横倒之厄，多半因此。所以孕妇多睡，神气自安，时刻一到，瓜熟蒂落，这是自然之理，何用着忙？

可是产后，尤忌杀生。什么三日汤饼、满月庆贺，杀生治席，亲朋满座，这些阴命（业力）若是造得太多，那可危险。倘遇福薄命浅之儿，还怕给追回去。就让能够生活，也不可从小就使阴命压上他。所以小儿在幼小时，看着有点出息，怎么越大了越不像孩子样了，到处讨人嫌，谁也看不上，或者病歪歪的，赖赖唧唧病不离身、药不离口，这都是大人给造的阴命，赶紧加小心吧。

此段说的产妇临产时，与产后时期都要谨慎，方保得小儿无虞。总而言之，为妇女的，第一要多修阴骘，上天自有加护。

# 第三编　襁褓教育

## 襁褓教之浅言

初生至一周岁间，为襁褓时期，是儿萌芽时代，又为人生初步时期，亦谓之哺护时期，时时刻刻须赖母力照拂，亟应施行教育。但此襁褓法，各地不同，亦是风土气候习惯原因。儿于襁褓时一派天真，浑浑噩噩，知识未开，除吃哭拉撒睡五事之外，余情概不懂焉。行此教育，总得母亲看护适当，保全儿之健康、性灵、发育：第一得有益小孩的卫生；第二要收拾得灵便，大人不苦恼；第三于经济上不能耗费，可常久如法抚育，体贴尽致。这是襁褓时期的工作。

## 旧习襁褓之害

考察我们各处之襁褓，沿袭既久之旧法，是用缄布裹包，然后置放谷壳布袋上，枕卧坚硬的枕头，摇车子等情形，关于生理上多生弊害。小儿生后三五日要用襁褓，先使缄布裹包，再用带卡子把小儿的两手，紧了束缚在胸的两侧，更用条小带把两腿缚住，然后放在谷壳布袋上，小儿便不能动转。这种襁褓法于理顺四肢上，若不深明了解，或者疏忽失意于裹包时，不知顺胳膊，舒展小腿，或带卡子松紧失当，小孩身体受不适当束缚的压制，毕竟成了端肩膀的、下柳肩的、绕圈胳膊的、罗圈腿的、拱弓肩的、蹩咧腿的，亦有点脚的，等等的毛病。这缄布裹包儿身，带卡子束缚两手，同时胸部也受束缚，很被压制，日久胸部必渐狭窄，肺扩量极不发达，很容易生结核病及其他各症。这卧睡谷壳布袋的，都是仰卧睡眠，关于高低限度与枕配置不均的，很容易做成前鸡胸的身样、后罗锅的身形。这给小儿坚硬的枕头睡卧，为的是睡头，把后脑海竟成个扁平形的，取其美观的意思，脑筋实在受害不浅。脑部遭受压迫，发育便不完全，智育亦受到影响，关于理解、记忆都不充分，还容易得脑病。这睡摇车的用意，是令小儿入眠得快，岂知小儿被摇车摆荡得昏迷了，渐渐昏昏地睡去，妇女以为是催眠的好法，又便于工作，实际考察，小儿的脑力灵明受了损害，自己还未觉得。

## 襁褓教之改善

以上所述几种旧习惯，是我们家庭育儿亟应改善的。

按小孩的天然体来论，无须裹包，不必使带卡子。小儿睡卧要他自由动转，得自然的发育，免去一切弊害，尤能增加健康。婴儿的枕应用柔软的，仰卧、侧卧，常加变换，不压后脑，使发育平均。摇车是亟宜废止的，最好改用四轮推车，在小儿睡眠的时候，尚不可用，推行如何平稳，也难免震荡的。我国风俗襁负在胸际，虽然有适当的处置，还容易生病，大人呼出的碳气被小儿吸收，是不合乎卫生的，不但有害小儿的健康，且误大人的工作，是应有改善的必要。日本妇人襁负在背，再用软被蒙覆儿身，以挡尘沙，免受风侵，遮蔽日光及各种强光，以防损伤小儿目力，小儿不生病苦，大人尤便利操作，实可效法作吾人之模范。无论男女，有健全的身体，方能做伟大的事业，所以体格发展与否，关系人的一生前途和幸福，希望为儿母者，深加研究，求改善之方可也。

襁褓教育诗云：

儿童残疾有多端，岂是生来琐碎关？

只要娘亲加检点，丰姿哪怕万人看！

# 第四编　乳教

## 小儿哭时哺乳之害

小儿食乳，本系天然之性能，但乳哺应有定时，相当次数。最少须要两个小时，或三小时，与食一次，又不宜哺之过饱。如若乳勤，则无定数，或给乳太饱，久之必生乳积等病。生后满二十日，夜间可以不给乳，母子均得安睡，胃肠得其休养，小儿自然健壮。若不能办到，稍给些乳亦可，不要因为啼哭，便去哺乳。当知小儿啼哭，正是运动，于生理上无害，若即时哺乳，其弊有二。

乡村妇女，多犯"孩子不哭娘不乳"之通病，实有害于生理。当儿啼哭未止，肺叶张开，遽然哺乳，非呛不可，致生咯呛之病。每呛吐，乳汁必由口鼻齐出，可想小儿之鼻孔，被乳汁逆冲之时，苦况难堪可知矣。凡小儿之啼哭，非皆是饿，或是褯里溺湮，皮肤受侵难忍，或蚤虫蚊蝇，刺激难挨，致小儿不得宁睡，所以发啼。如每哭必乳，儿性不知饥饱，乳头入口不懂拒绝，便承顺吮食乳汁，终必停食结聚，久则伤脾。此其弊之一也。

且妇女在劳动时间，气血热度自然增高，闻儿哭声，急奔近孩身，当是时也，气息未平，热度未消，慌忙把乳头塞入儿口给予乳食，略想小儿食此不清乳汁，混含气火于内，如久食之，必生疮多病。此其弊之二也。

## 小儿仰卧哺乳之害

小儿仰卧哺乳，此法行之既久，习惯成风。详细考之不为适当，且害甚大。以我成年之人证验，凡食管气管均已强健，试令仰卧饮水，或仰卧食物，不但不易下咽，既而强咽亦难入胃。成年之人仰卧食物，尚且难状如此，何况幼小的婴儿喉管脆嫩，嗓力薄弱，仰卧食物，岂能不生弊害？儿身仰卧食乳，倘乳汁丰富，经儿吮食，乘势涌出，流如暴注，儿不知避，势必大呛而特呛，咯呛之苦较大人增加数倍。当被呛之际，儿喉中会厌，不易启闭，食管气管必然受伤。经此一呛一吐，凡小儿之顶脑门，及耳鼓眼球，周身血络，大受震动，腹内五脏，亦大受颠簸，立时满面红涨，眼泪流滴，气息作喘。是小儿仰卧食乳之害，敢曰大不利也。

## 气禀不化哺乳之害

乳妇与乳儿之性情的智愚，体育的强弱，可谓关联一乳，气血相同。勿问乳儿将来如何，但视现在乳妇气度的景象，可知婴儿性情的变化、发育和健康的良否，及当现之疾病。一切情状，实由于妇人气血变化而来的。气血的变化，是性情发动所感召。所以妇人五行性阴浊气质不化，对于乳儿之影响，今特按五行性简略言之，兹述如下：

阴木性的妇人，乳味微酸。小儿食之，易生慢性的肝脏病，

常现抽筋、抽风、生耳底青筋暴露等病症。久之小儿性情变为执拗的气度。

阴水性的妇人，乳味略咸。小儿食之，易生慢性的肾脏病，常现腹痛、小肠疝气、精神痴呆。久之小儿性情变为愚鲁的气态。

阴金性的妇人，乳味渐辛。小儿食之，易生慢性的肺脏病，常现虚喘、咳嗽、猩红热、麻疹等病。久之小儿性情变为懦弱的态度。

阴土性的妇人，乳味邪甘。小儿食之，易生慢性的脾脏病，常现消化不良、吐泻等病症。久之小儿性情变固执死板的气象。

阴火性的妇人，乳味似苦。小儿食之，易生慢性的心脏病，常现心跳、惊悸、失眠等病症。久之小儿性情变为浮躁急烈的表现。

再有，尝试考察乳妇乳汁之变化，昨日之乳汁气味与今日之不同，今日乳汁与明日比，其气味又生差异。均一妇人之乳，而生有不同之乳汁，是乳妇心性有所变易之故也。所以乳儿之强弱、愚智与疾病，是皆乳妇之所赐也。深望乳妇详细考察证验之。切切。

## 心性暴动哺乳之害

妇人处于家庭之间，如不明礼让，往往因琐屑的细故，致生争端，惹起心性之暴动，同时五毒"恨怨恼怒烦"发作，是时也，性动情迁，气象不平，而身内之气血亦随之变化。曾经试验，同时取二个洁净之空瓶，用一瓶收取一位心平气和的人所呼出的气，盛于瓶中固封；用一瓶收取一位心性暴发的人所呼出的

气，盛于瓶内严封，同置放一处，经过三日后，请医生检查。这心平气和之人的气质，变为清白的水珠，气味是清淡的，并无其他的杂质在内；这心性暴动之人的气质，变为液性的水珠，其色浊而近乎浅蓝绿色，气味已成腐败特味，且含有毒质。由此证明，乳妇的心性发生暴动，她身内的气血，决定变为毒质的。而妇人之乳汁，是由血化生的，岂能无毒！若与小儿食此含毒的乳汁，是要发生各种急性病的，均不能容治，由病发现日起或三日五日的，定然死去，这是由经验考察得知的。

敬告乳妇：倘若境遇不顺，在盛怒之时，万望莫与小儿乳食，以免灾及孩儿，悔恨无及。待过三日后，心性平复时，再给儿乳食可也。诸君若不相信，请实地去考察试验，或加意研究证明，是所盼望。

## 乳妇应知应行

我国人民习俗，对于小儿向多忽视，听其自然，任凭小儿自己生长。因之不健壮或夭折的，实在不少。所以培养小儿的健康，急宜铲除旧弊，重新改善。是以乳教之良否，有关小儿之贤愚强弱，希望乳儿的妇人，当存心研究。

要养成乳儿顺从的美德，先审知乳儿啼哭，确无感受痛苦情形，便止而不顾，俟其自止，母氏方到近旁。如此久之，则孩儿知啼哭母亦不来，成为习惯，自能静待母到。这便能渐渐养成乳儿顺从的美德。

给儿乳食前，乳母端坐，少息五六分钟，俟气息热度平复后，将儿腿顺搭母膝之上，用一臂托儿后脑，兼托儿之上身，用一手掐乳房，将乳头内困乳挤净，再送入儿口，使儿头上腿下斜倚母怀，缓缓乳之可也。

乳妇的气血关系小儿健康和幸福，若能化除性中一切阴浊气质，由斯克己复礼，培养心性，实现慈良贞静，欣然喜色，处人处事，情感圆融，随意而安，使心意温柔而常和乐，涵养得气质清和，则血中自然无阴浊气火矣。

深明乳教者云：血里藏性，性里藏神，性清而血清，血清乳清洁。小儿得食清净之乳，不啻玉液琼浆，将来小儿灵知定然聪明，体质发育自然健康，是皆乳妇涵养之效果也。所以乳妇的天性要纯善而柔和，是最好不过了。望负斯任者安而行之可也。

哺乳诗云：

　　发旺儿童赖乳浆，休将火气血中藏。

　　莫道孟婆人间少，一灌迷魂天性伤。

# 第五编　婴儿教育

## 婴儿教之简略

小儿初离襁褓，已有简单的智性，稍解人意，虽不能理解母亲的言语，亦能理会母之意向，母的声音、形态虽种种不同，因能察知母为喜为怒为真为伪，是母亲对婴儿施教之初步。须循循善诱，教以义方，务要简单明了，庶可导入正轨。婴儿知识初开尚未发达，有很盛的模仿性，但是不能分辨善恶，最易染成不良的习惯。所以对于教言教行的方面，不可忽略的。务要养礼让的美德，真诚的习惯，切不可娇生惯养的，放纵他任意任性的。可是做父母的，都是深爱自己的子女，对于他们的教养，更当关心，不但关系家庭将来的兴替，因为他是第二代国民，关系国的方面也甚巨。所以这教养的问题，尤其重要。有句俗语"教子婴孩，教媳初来"，这话确实有道理。有位教育家把小孩比作一棵小树，说："这树在生长的时候，一任其便，而不加以扶植，修理标本，这株树是很难望其将来成为栋梁之材的。"对于婴儿的教育，亦正如此。为父母者对于婴儿的教育，最好要有相当的规律，给予小儿良好的印象，教以正当的理智，造成将来有为的青年。

## 婴儿教之弊害

道德讲演比例说："小孩像座小庙似的，给他装什么像，就叫什么庙。"这也有理性。可是常见给装神的少，装鬼的多。已往习俗的弊病，教给小孩很多不良的故事，不合乎教育，都是近乎习性禀性的：什么抽鼻啦，挤眼啦，摇头啦，挠手啦，咬牙啦，发狠啦，按指斗飞啦，等等。这些故事实影响婴儿的性，是弊病之一也。

每见儿哭，母氏欲止哭声无术，常用恐吓之法：狼来啦，虎来啦，鬼来啦，妖精来啦。各种怪异的诳语，恐有惊破儿之胆识，是儿尤能感受惊悸之症，且与神经、知识、发育大有关碍，是弊病之二也。

或者有用哄骗之法：孩呀莫哭，娘与你做饼吃，妈与你买馎吃。久之儿知受骗，哇的一声，大哭而特哭，再说做饼买馎，儿决不相信。此种诳语，不但对小儿失信，且能导儿说谎。为父母者，何不察之！是弊病之三也。

给小儿用以上这几种作剧，是最坏的恶习。若不戒除而改善之，与小儿有莫大之影响。还有最劣的习惯，是教小儿学骂人。曾见夫妇闲居无事的时候，拿小儿作取乐的消遣品，叫小儿骂他爹，他爹也不明白教育，心反喜欢，于是高起兴来，连向就教给小儿骂他妈。那小孩才学说话时，就给他装个忤逆的印象，正是不肖之始。若稍渐长，再加溺爱偏疼，这小儿将来虽然不能打爹骂妈，可也能气你个发昏，还想成个好人，是不能的。我们很好的孩子，何不引上正路向上发展，为什么偏向坏里教呢？！

婴儿的心性是洁白的，比如白绫似的，往上染什么色，就成什么色，一经染上了色，就难去掉。所以教之善则善，教之恶则恶，"少年若天性，习惯成自然"，随父母为转移。关于婴儿的体、智、德三育，都要教之以道、育之以德。婴儿接受大人的提示，必要模仿效法。如若教他见人鞠躬行礼，请安问候，是给儿种孝悌之因、礼义的印象。例如将要给儿食物或与饼果，提示说这是你父亲买的，或者祖父母买的，教小儿知感恩，次行礼，然后再吃。教育婴儿须用感化法，勿说怪妄不经之语，勿说欺谎诳骗之言。教言教行，学诚学信，尚礼尚让，最好是父母以身作则，使儿效法，养成良善之德行，为立身之大本，有厚望焉。

婴儿教育诗云：

> 常言教子在婴孩，学礼学仁莫学乖。
> 装上何神即何庙，就他知识未曾开。

# 第六编　儿童教育

## 儿童教育之重要

现在的儿童,就是将来国家社会上的中坚分子。所以现代的文明国家,对于儿童的教育,都极端地重视。与儿童有密切关系的,当然是家庭,尤其是儿童的父母。教育儿童的观点,应照两个时期:由二三周岁至七八岁,是完全受家庭教育时期;自七八岁至十三四岁,是受学校教育时期。一般人以为把儿童送入学校,就尽了教育责任,其实自儿童之初生以至于成人,儿的父母永久不能卸却其责任的,尤其是于儿童入学校之后,更当注意,还得以家庭教育补救学校缺漏与不及。

论到儿童教育已往的积习,也就是"溺爱"与"管束"而已。溺爱的任随儿童放纵,管束的无非是打骂相加,何尝是教育?因此诗书门第的儿童多是文绉绉的懦弱,普通人家的儿童,便是打街骂道,养成一些哭闹的坏脾气,而贫苦人家的儿童,便造成了个小流氓、小无赖。这种现象,可谓不良之甚,可怕极了!

一般的父母,对于儿童多不知怎样去教育,而且也不加研究。所云儿童教育者,不过是加以毒打恶骂的责斥,俗言"棍头出孝子,恩养无义儿",这样不但不易改善儿童的恶习,或竟致使儿童趋于极端无赖也未可知。

## 儿童体育之向上

教育儿童,不在贫富贵贱,是要做父母的尽其教育的责任,注意儿童的言行动作。因他尚缺乏自觉之目的,如有错处,要切实指教,怎样是对的,怎样是不对的,或是好的,或是不好的,这样自然被你导入正轨,向上发展。

例如遇物件便敲击,便玩弄,便撕破,这是儿童的好动性,也是心身发育天然的表现。要加压制,则他的肉体充盛能力,无地发泄,是最易发现疾病的。儿童的性情多好聚群,在一起玩耍,有时便会打骂起来,常常惹起大人们的纷争,要防止与不良的儿童交游,勿近邪僻处所,以免受恶习惯的熏染。古时孟母三迁教子,正为防止恶习。有时不免染成不良的习惯,必得用苦心来矫正。儿童的恶习中,常犯的是骂人和说谎,若不早日矫正过来,对于儿童的将来,实有莫大的影响!

稍长则每喜户外之射击、舞蹈及高声吵闹、嬉笑、奔走等情事,父母要领导以相当的游戏,作儿童的歌乐。应置儿童的场合,设备教育玩具,引起儿童的兴趣,使儿童的身体得天然的发育,实现出来活泼的精神、踊跃的气概,则其健康必因之而增强,便是儿童的体育向上。

## 儿童智育之启发

儿童的知识渐开,脑性很清灵,好奇的心重,幻想力强盛,

所以记忆力和注意力,同时并增,故多仿效性。见僧道则模仿他的行动,遇乞丐又模仿他的态度,涂唇描须学作老人,闭目执杖装扮瞎子,又或竹马叶舟架桌为楼,此皆幻想好奇的显露。

又稍长则每喜察问。如见蟋蟀,便问为何展翅有声,想起鸟雀便问是否亦能言语,鱼虾入夜是否睡眠,此皆注意力与记忆力的表现。父母若善于领导,当儿童有问之时,要以正当的答复,因其知识程度以赐教,讲说古人忠孝懿行之故事,或圣贤的事业功绩,随时随地教以各种的学业和各种的常识,如天时、方向、气候、地理、人情、事务等等。再示以发奋之正道,自强不息的振作,若多才多能努力进步求人格之向上,效古圣先贤志愿,破除儿童的退缩、自欺、依赖的心理,养成来日有独立事功的能力,有发明创作的精神,有经邦济世的才干。当儿童理智尚未发达,于此是非莫辨之时,正好启发他的智力,引他入胜尤为得力,这便是儿童的智育。

## 儿童德育之培养

儿童的接受提示性、报施性、积蓄性,都含有德性的成分。如遇儿童跌倒,父母快快称赞:我的好孩子,跌倒总不哭,你看这回跌倒,亦能够自己立起来。儿童受此正面之提示,稍有损伤亦往往不觉痛楚。如儿童见人之物欲要时,急提示曰:非我之物,要之失礼失义,有伤廉耻。儿知廉耻之可贵,即不能要。若与其他儿童相争,则提示曰:我的孩子明礼义好让人。儿晓礼让尊重，随之息争矣。若儿童稍有孝悌礼让之行，父母因事随时称赞，以言词奖励之，这样渐渐的启发，儿童便有倾向道德的观念。有时训导以三纲大义、五常之德，示五伦为人道正轨，遵八德之行，教之仁慈爱物，养成道德之根本。如儿童嬉戏之性，多好残杀生物、折损花木、填穴覆巢、伤胎破卵等情，是为儿童悦意之快事，若不加以禁止，任儿施为，终必养成残忍之恶习。幼小施之于物，长大即能施之于人。当其初犯，急警示曰：汝伤天地造物之仁，可速悔罪。并诫勿再犯。

儿童的报施心根于天性。父母常问儿童曰：你长大怎样孝敬你祖父母呢？儿童听了，便神爽气朗地誓必报答亲恩。再示导慎终追远祭祀祖先，继志述事显扬祖德，是为报本的孝义。或问：谁与你有好处，都应感恩，将何以报德？

又常见儿童积集竹竿、木块、纸盒、钱币等物于床上，或箱内，充分地表现积蓄性，可因其性教以自立，兼能重视公私财产，保护公物，养成公德美行，为建设事业之基础，这便是儿童的德育。

## 儿童过犯之规诫

父母关于儿童的体、智、德三育，既有以上的要点，遇儿童顽皮的，更得有适当的处罚。如儿童击毁器物，搔弄火炉，不得已而稍加体罚，使知警戒。切不可打脑部，致伤神经，终身痼疾。更当注意者，应禁止的事，不论何时均当禁止。又如儿童撒娇哭闹，呵斥既不听从，体罚更惹烦恼，唯有禁食以作警戒。如系女孩，可于次晨把她现穿的衣裳，尽取起来，严加责罚，见她真正悔改再宽恕。但正当责罚时候，凡伯叔姑母等万不可护庇，以免增长儿童的娇惯性。

儿童稍长，举止动作不规矩，又或咆哮躁急喧哗争论等情，若不就初犯时严加惩戒，长大更恐难以管束。又或儿童习为浪费，任意自由外出交游，接近不良的儿童为朋友，当于初犯时加以严禁。但父母训育的事，要在平素以身作则，纵或儿童犯过，不难悔改。若规诫儿童时，不可当着众人面前呵斥与责罚，应知儿童羞恶之心可贵，是要保持他的廉耻。俗云"当面教子"的话，是经权并用的，不是要你在众人面前责斥，是要通过权变因时、因事加以训诲。规诫儿童的过犯，要在警惕他错误的时候，并提说他的好处，再指导他的将来，感化儿童自知前非，便发诚心悔罪，这是严慈兼施、根本的规诫。往往为父母的，不注重儿童羞恶之心，要有过犯，便当着众人面前显规法加以责斥，实在丧失儿童的廉耻。久之儿童便失去羞耻之心，做坏事也不知可耻，受打骂也不知可耻。这不知耻的儿童，虽有良师亦难教育。此失教之罪，不在儿童，而在儿童之父母也。

## 入学时期的注意点

养不教是父母之过。儿童若是到了学龄，应速送入学校读书，切不可溺爱，误了求学的光阴。当儿童上学的时期，父母

应了解小学生的心理：在学校倾向师长的心重，可谓有命必从，对师长吩咐的注意和信仰，胜过父母的训示。所以对于他们的应用、应行、应付的一切供给，为父母的要与预置得齐全周备，不要妨碍他们向学心的兴趣。务须随时训示要知爱物，精心保管，知物力之维艰，来处不易，切勿浪费与弃失。关于儿童书包的检点，每日应有一次视察，是否整齐清洁，及书籍文具等物之增多与减少。如或见少，必问此物去向：是给予他人？是弃失了？或换食物？或见多物，究问此物来源：是同学给的？是拾得的？或偷取的？因情形要严加规诫，更警惕之示以好恶，则儿童必知自禁。一般家庭的父母，以为儿童入了学校，得受师长的教育，对于上学下学的事情，学生的成绩优劣等，概不过问与查看。大凡儿童入学校后，所犯的毛病都在此一点。回到家庭来，也要时时督促他们温习功课，最好定出时间来。时间以外，可以任意他们去游戏运动。还不准外出，如有同学的儿童来约会，必查问约会的情形，该儿童是否良善，当然的便许可，否则便严禁之。

儿童早晨起来的时候，要他学自治的能力，如洗面漱口整洁衣物，为母亲的要加意照看和指导，久则自然。儿童的饮食要有节度，教他每食前要说感恩的话，食毕要说知足的话。每上学时，衣装要整齐清洁，体格现出健全的精神。教导行走的仪式，途中见人的礼貌，道路交通的规则，上学下学必向父母敬礼。为父母的无论若何的忙迫，也要应付几句相当的言词。儿童已粗知人情事物，父母要明示教他入学在家的应对进退之礼仪。行礼要表示诚敬，说话要慷慨，言词要和蔼，教其处人处事要知合群爱众、尊长敬老，或群居或共食，当知重礼貌，必要谦恭敬让。每开言，每就座，每起立，都要安详大方的气度，是皆为人立身之义理，教儿所应习者也。

儿童每因反感师长过严的，有苦于功课而自弃的，或被不良儿童诱惑的，所以发现逃学的情形。这虚伪的儿童每日按时离家归家，但是未能上学读书，后被父母察觉，三番五次地管束，亦未能改正的很多。究其原因，是父母的失教。若父母善于教导，要用提示法，或警惕法。如孟母断机教孟子，孟子自悔，由此发奋终成亚圣。王凤仪先生辍耕教国华，国华恐惧，继续入学，终成大名。这是教子的明证。

有时考试他成绩优劣之后，再示知勤学用功的好处，启发优先之荣誉，落后之可耻，使知前途之远大，后生之可畏，有无可限量的希望和幸福。若无坚诚之恒志，则不得达到圆满的结果。父母关于儿童所应注意的事项，对于举止动作、言行视听、起居勤勉，一切都应加以范围。要有限制和相当的规律，则儿童自然入于正轨，向前迈进，学业不难成就，人格定然完美，而前途希望是无可限量的。望负斯任者，循循善教之可也。

儿童教育诗云：
  茫茫陷溺枉心灵，如此娇儿久惯经。
  岂是成人皆善性，总因贤母在家庭。

# 家庭六步教育口诀

## 一、根本教育

性天清朗　心地光明　实行忠孝　注重德行

## 二、胎期教育

存正念　断邪思　节饮食　慎起居

## 三、襁褓教育

儿出生　顺自然　居寒暑　卫生先

## 四、幼儿乳教

性动身劳莫乳娃　孩吃火奶身不佳
儿要哭时应哄乐　心平气稳是方法

## 五、婴儿教育

上有爹娘下儿孙　后来样子看前因
你心要孝儿多孝　好样原来在我身

一树结果有甜酸　一母生子有忠奸

孝心何处　本是根源　培德固本　本固枝繁

# 胎教与优生[1]

讲"母教"不如先讲"教母"。

新生的小孩,也知道他的真假,怎知道的呢?孩子是母亲生的,考察母亲的真假就可以知道了。

子女能尽孝悌的是从德上来的,能败产的是从孽上来的。

打骂后女人生的恼气恨气,泄到子女身上,直接影响胎儿,子女感受不良之气,世世相传,贻害无穷。

生一个健康、聪明、素质理想的孩子,是父母最大的心愿,也是人类共同的心愿,是自古以来人们就非常重视的问题。因此,我国古代便有"胎教"之说,认为胎儿在母体内,就已开始接受母亲的影响,要求妊娠期间的妇女谨言慎行,清心养性,遵守伦常礼仪。

据《史记》记载:"太任有妊,目不视恶色,耳不听淫声,口不出傲言。"太任即《诗经》所说的"思齐太任,文王之母"。这是关于胎教的最早记录。此后,历代医学家对于胎教,都有详备的论述。

中国医学认为人的七情六欲,思维活动,与脏腑功能有着密

---

[1] 《胎教与优生》、《典型实例》两文可参见《性命哲学浅述》。其中,后者部分事例撰写于1982年。

切的关系，把人的情志活动和脏腑功能看作一个整体，彼此制约，互相协调，以维持脏腑功能的正常运行。如果喜怒忧思，悲观惊恐，就会使气血紊乱，脏腑功能失调，孕妇便可直接影响胎儿的正常发育。

情绪对胎儿有影响，并不是出于某些人的主观唯心的臆测，而是有科学道理的。现代科学家作了很多方面的研究与探讨，如有的学者研究发现，积极的情绪会使血液中产生有利于健康的生化物质，而消极情绪则会使血液中增加有害的化学物质，如果是一位孕妇，与胎儿气血相通，必然要贻害于胎儿的。

据一些学者研究认为，当孕妇的情绪受到压抑时，胎动的频率和强度都会比常态下增加几倍。尽管孕妇的烦躁情绪只有一会儿，但是胎儿的这种超量的活动却会持续几个小时；如果孕妇的烦躁情绪延续几个星期，那么胎儿的这种超量的活动，就可能贯穿整个胎儿期，必然影响胎儿的发育。甚至有些学者还认为，某些先天性的生理缺陷，也可能与孕妇妊娠期的情绪有关。

日本一学者曾对胎教的作用进行了试验。他对一百二十七名青年孕妇进行胎教指导，做操、看电视、欣赏音乐、玩桥牌，有选择地读书，使精神生活丰富多彩，心情始终保持愉快。他把这称之为"英才制作工程试验"。试验获得可喜成果：当孩子生下并长到几岁以后，进行智商测试，发现71%的幼儿智商超过一般幼儿。

凤仪先生于清末时期就发现，改变人类素质问题是古往今来最重要的一门学问，可称千年大业。所以他提倡胎教是从创办女义学开始，使女子普遍受教育，直到实行"崇俭结婚"。他常说："讲母教不如讲教母。"即先教育未来的母亲。这就意味着根本教和胎教的极端重要了。因此，他常用"翻转世界，重立人根"的豪言壮语来表达自己的远大胸怀。

先生认识到，古人讲胎教，多行之于富贵权势之家。因此，他现在讲胎教，便力求寓于日常生活之中，是平民百姓均可做到的。

所说的根本教，即胚胎之前的教育，也就是对未来父母的教育。如木之有本，水之有源，父母的道德品质，思想感情，至关重要。怀孕前的生活环境，特别男女交感之际双方的心理与情绪，尤为关键。这种七情六欲的应时感召，对未来的子女的气禀形成，起到根本性作用，所以叫做根本教。因此，夫妻必须志同道合，相亲相爱，互助互谅，保持和睦家庭的气氛。土地肥沃，植物才能叶茂枝荣。王凤仪先生常把夫妻比作天地，男子应如天之清，女子应如地之宁。若男子性情乖戾，好动气禀性，是为天不清；若女子性情浮躁，恨怨多气，是为地不宁。这样，怎会生育理想的后代呢。所以他说："天清地宁，生孩赛如神童。"

人们都愿生育聪明俊秀的孩子，但有时事与愿违，这是什么原因呢？其实好的愿望并不等于好的行动，正如只知盼望长好的庄稼，而不改良土壤，不好好栽培，都是同样道理。法国有句谚语说得好："父母的品德是孩子最宝贵的财富。"

凤仪先生认为，妇女受孕之后，胎儿居于母腹，与母体本属一脉，经络相关，气血相通，日后小孩之成长寿夭，智愚贤否，

胎教至为重要。因此，孕妇必须清心养性，举止大方，注意栽培心地，去掉私心杂念，努力涵养性天，化除气火烦恼。尽量做到不听争吵之言、诽人之语及怪力乱神之说，多读有益心身之书籍。不看邪僻丑陋，勿观杀害凶暴，不见奇形怪状，口不出恶言，不道妄语，应事接物，务求中正，喜怒哀乐，宜求中节。要克服不良习惯，因为某种怪癖、嗜好，都可能影响胎儿，贻害下一代。要整洁衣装，清净屋宇，造成使孕妇观感而生纯洁高尚思想与情绪的环境。如此，则胎元化合，日后可望生育聪明俊秀、体质健旺之子女。

孕妇要经常保持喜气欢悦的情绪，如春风和煦之阳光，常常照耀胎儿，使胎儿茁壮成长。切忌以气禀性用事，谨戒悲哀，勿生忧恐。然而，能做到这一点，并不是孕妇单方面所能奏效的，为丈夫者，必须认真合作，全心相助，方能成功。凤仪先生特别反对丈夫打骂妻子，他说："骂女人是显威风，女人虽不敢还口，而恼气已存在心里了。打女人是属杀气，女人苦于不敢反手相打，而恨气已存心里了。女人恼气恨气，既不能施展到男人身上，最后泄到子女身上（直接影响胎儿）。子女既感受不夏之气，世世相传，贻害无穷，这不是打骂女人的害处吗！所以打骂女人的罪过极大。"

孕妇本身必须明白胎教，加强修养，否则，性情乖戾，愤怒无常，阴郁之气，集聚于内，胎儿感受不正之气，将来不是生理缺陷，便是多病，贻害子女，甚为可怕。按"五行性理"来讲，是受了五行阴面气禀性之害。先生对新生婴儿的不同哭声，做过深入细致的观察与研究，他说："小孩降生以后，听他的哭声，便可知道他的气禀之偏：哭声急的是火，慢的是水，时哭时止的是土，大声哭忽而止的是木，声音清亮连续不断的是金。"

那么有的孕妇遭受同样的逆境与挫折，然而其子女的素质却有差异，是什么原因呢？这主要决定在母亲对逆境的承受能力与态度了。先生认为人的一切活动，综合起来讲，无不体现在性、心、身"三界"之中。气质、性格为性界，思想活动为心界，身体为身界。因此，先生讲胎教，更深入具体地讲，也必须从"三界"入手。

性界要做到"去习性，化禀性，复天性"。去习性就是去掉一切有害的习惯，如吸烟、喝酒，醉心于物质享受等；化禀性就是化除五行性中恨怨恼怒烦等有害健康、伤害人我关系的阴浊气禀性；复天性即拨阴取阳，完善个人应具备的良善性格与气质。心界要求"去私心存道心"，即克服专为个人着想的私心杂念，而存敬老爱幼、与人为善、尽职尽责、处处为公益着想的道心。身界要健康、勤劳，但必须受天性、道心的支配与领导。最后达到"三界合一"，才是人生修养的理想境界。实际上，性、心、身"三界"正是一个整体的三个方面。这些做人的要领，也正是孕妇胎教要求的基本内容。

讲求胎教是为了优生。我国古代在这方面已有了认识和实践，但并未形成一门真正的学科。古籍中有"男女同性，其生不蕃"的记载，说明古人已发现了近亲婚配的害处。人类是不断地前进，人类在改造自然的前进中，也必须改造自己，所以产生了怎样改善人类遗传素质的自然科学，叫作"优生学"。它最早是由英国人类学家高尔顿于一八八三年提出来的，他写了一篇《人类的才能及其发展之研究》的文章，首次提出了优生学这一问题。他是达尔文的表弟。达尔文在十九世纪提出了进化论，而优生学正是在进化论的思想影响下诞生的。高尔顿把达尔文的进化论直接应用于人类，他曾调查过许多人的家谱，对人类智能与遗传关系进行了广泛的调查研究，其目的在于探索影响后代的各种因素，从体力与智力各方面改善遗传素质，从而提高人种的质量。

一九六〇年，美国学者斯特恩把优生学分为"正优生学"和"副优生学"。正优生学又叫"积极优生学"或"演进优生学"，是研究人类优秀个体的繁衍，着重研究改善人类的遗传因素。副优生学又叫"消极优生学"或"预防优生学"，是研究减少生育不良个体的方法和途径，消除不良遗传因素，使其不再往下传。两者都是为了提高人类的遗传素质，目的是一致的，实际就是应用遗传学的基本原理，通过不同途径，来提高和改善人类后代的精神和身体素质的一门学问。副优生学有很大的实用价值，已被人们所接受，在不少国家也得到了广泛的应用，并通过法律形式明确规定下来，已产生一定的效果。正优生学特别强调先天遗传因素的作用。世界科学家在这方面已有了深入的研究，人的个性、意志、毅力与兴趣等，除了后天环境影响之外，先天

因素是心理活动的基础。

美国科学家托马斯·维尼尔撰写的《婴儿出生前的潜在生命》一书中，有个令人很感兴趣的例子，著名乐队指挥勃罗特谈到他是怎样爱上音乐的时候，说："这一点说起来似乎很奇特。我出生前就同音乐结下了不解之缘。记得我年轻时演奏某些乐曲，仿佛不需要总谱，或者排练一些对我来说还是新的乐曲时，我的脑子里好像自然而然地出现了大提琴的分谱。有时曲谱本还没翻过去，我就已经知道后面的调子和音符了。有一天，我把这些事告诉了拉提琴的妈妈。你猜怎么着？原来这些曲子正是她在我出世前不久拉过的。"

几年前，勃罗特的这一席话在医学报道中至多占上几行字。如今，由于出现了一门新的特殊学科——胎儿心理学，科学家对这类事情就十分重视了。

许多事实证明，胎儿的感觉、反应不是生后一下子形成的，它从母腹内就开始了。胎儿在母腹内十个月的生命过程中，绝不是长成形体的寄生物，他已经开始建立感觉的功能。尽管是模糊的、不完善的，但却对人的个性与智力起到根本性的作用。所以先天遗传因素是内因，是物质基础，后天的环境因素是外因，是个性与智力发展的条件，二者缺一不可。如果先天条件太差，就是后天条件再好，恐怕也难以弥补；如果先天条件好，后天条件不好，那么良好的先天条件也会白白浪费；如果两个人的先天条件相同，其素质决定在后天条件；反之，如果两个人的后天条件相同，其个性与智力就决定于先天条件。但先天条件是不太好改变的，而后天条件全在人为，这就充分说明先天因素非常重要了。世界著名生物学家巴甫洛夫说过：婴儿出生三天后再进行教育，就已经迟了三天。不正是说明胎教的重要吗！

这就不难看出，优生学问题，并不是单纯的技术观点和生物医学模式所能完全解决的，必须重视社会因素（包括伦理教育、心性修养和环境熏陶等）的作用，因为优生学牵涉社会学和伦理学问题，社会因素常常会起到主导的决定性作用。不过，从当前世界来看，对副优生学，许多国家已采取了措施，但对正优生学，尚缺乏完善的理论与有力的措施。

清末农民出身的王凤仪先生，虽未接触过西方的优生学，但从多年的社会实践中，悟出了如何改善人类素质的大道理，发现"根本教"与"胎教"在改善人类素质中的巨大作用，因而从妇女教育入手，研究性理之学，提倡崇俭结婚，重视妇人胎教，采取建立新家庭、创设新农村等一系列正本清源的措施，正是为了实践优生——"重立人根"。

## 典型实例

通常的理解是，父母生理上的某些特征可从子女身上体现出来。然而，子女的性格与气禀性，在很大程度来自于遗传因素的道理，就少有人重视了。这方面的典型实例很多。仅举数例，可见一斑。

例一：孙先生，自幼聪明沉稳，心细多疑，读小学时考试名列前茅。进入初中后，话语逐渐减少，喜离群索居，后来竟发展为抑郁寡欢、闷闷不乐的性格了。进入工厂工作后，过分小心谨慎，总怀疑别人对他有意见，喜欢独处。有时为了一点小事，不知要考虑几天几夜。由于狐疑的心理作祟，常常无中生有，烦恼重重，满腹怨气。例如，他的饭盒出锅后，有时别人顺便给他带回来，他竟一口不动，准备带回家去，求人化验一下，唯恐别人给下毒药。但他从来不承认自己有病，不愿到医院就医。他所认定的事都能找出"原因"和"理由"。精神一旦受到刺激，症状便明显加重。他的这种气质与禀性和先天因素有什么内在联系呢？

据他父亲回忆，此子先天在母腹形成阶段，适值一九五一年开始的反贪污运动。父亲当时在某银行任会计，和他一起工作的股长、主管会计等都被隔离审查。因此他虽然知道自己无任何经济问题，但也惶恐不安，成天低头不语，精神上十分紧张，致使妻子也随之日夜不宁，忧虑重重，一旦丈夫下班晚归，她便惊恐万状，痛苦不堪，妊娠期曾因此患病多日。翌年，此子出世。其后来读书、工作时的气质与禀性，不正是他出生前父母精神状态的反映吗？然而，孙家另外四个孩子的性格都很正常。从上述事例来看，一个人的性格与禀性的形成，其根源来自先天的遗传因素，是显而易见的了。这个道理涉及"胎教"，凤仪先生说，讲"母教"不如先讲"教母"，其意义就在此。

下面的几则典型实例也同样值得人们深思。

例二：赵女士，某医院医生；丈夫尤先生，某工厂工程师；长女十九岁，次女十四岁，儿子十二岁。夫妻二人均为大学毕业，家庭和睦，富有学习风气，故三个孩子都聪明好学，成绩优异。长女和儿子性格都很开朗大方，尤其长女自立性很强。唯次女的性格有明显差异，胆小怕事、不爱出头。这是什么原因呢？

赵女士怀有二女儿的孕期，正是一九六八年"文化大革命"高潮阶段。某医院正在打击一位工作人员，触及皮肉，空气异常紧张。赵女士目睹这种骇人听闻的场面，想到本人又是大学毕业的知识分子，因而惶恐不安，日夜提心吊胆，心神不稳，精神上的负担和压力是可想而知了。殊不知，母亲孕期的紧张情绪，竟成为孩子胆小怕事、退缩不前这种性格气质形成的先天因素了。（赵女士自述）

例三：朱先生，五十六岁，原籍山东省济宁市，现住某市郊区。三个女儿，大女儿三十五岁，性格刚强好胜，急躁、好说，怨起人来不松劲。据朱先生回忆，妻子在孕怀长女的时候，是社会变革前夕，家规甚严。作为这样家庭的新媳妇，精神上总是处于谨小慎微的状态。尽管如此，还是有很多地方达不到公婆满意。因此儿媳妇必然时常产生敢怒而不敢言的心理，嘴上虽不说，心中却不断地嘀咕，这便是造成大女儿个性与气质的先天因素。

怀有二女儿的时候，妻子的婆娘两家都是被限制的对象。因此，心情异常低落消沉，在人群中，总有矮人一截的自卑感。由于家境不好，所以只知勤勤恳恳、老老实实、默默无言地干活。源于这种客观的条件，二女儿便性格绵软，能吃苦耐劳，不好说，有逆来顺受的气质。

三女儿二十七岁，自立性强，端庄大方，有正见，能克服困难，很有办事能力，在群众中有威信。她的出生地点、环境与条件，和两个姐姐完全不同了。出生前一年，母亲离开了山东老家，来到外地工作，重建新家庭，夫妻情感稳定，相处愉悦，互相体贴，互相帮助。虽然白手起家，但有重新创业的决心。正是这种和谐的气氛贯穿在全部孕期，所以三女儿才具有这种很理想的素质与性格。（朱先生自述）

例四：张女士，女，二十四岁，居住北京市西城区，中学毕业后，被分配到甘肃工作。因生活作风问题，被开除回家，但已怀孕，到家后一直隐瞒，怕人知道，总是提心吊胆，精神上的压力非常大。后来，虽然悄悄地想各种办法流产，扎针、吃药，但均未成功。小女孩出生后，胆非常小，到两三岁时，一见生人，还吓得闭上眼睛，甚至不敢动弹，连迈步都不敢。尤其遇到小猫小狗，更是吓得要命。一次，粮店店员到居民家办事，手里拿个小匣子，竟将这个小孩吓得趴在水坑里。长大以后，胆仍是非常小。这种胆小，完全来自先天因素，再明显不过了。

（钱维三述）

例五：孟女士，一九三九年生，原籍锦州，现寄居姐姐家。孟女士自幼性格懒散，缺乏自我控制能力，无心干活，自强心和自尊心很差。到现在已结过四次婚，都是因为个人过分任性，说得很好，干得很糟，致使丈夫伤心，终至离婚。据后来了解，又曾离婚数次。

她的这种个性与气质是怎样形成的呢？察其根源，与她母亲当年孕期的遭遇和心境是有直接关系的。据她母亲回忆，在孟女士出世的前期（伪满时代），正是她母亲潦倒坎坷、灰心丧气、生活困难、极端痛苦的时刻。那时，她父亲为人当车夫，赶马车过河，不意车翻人伤，不久死去。谁知在这种极度悲哀的情况下，婆家老人，不仅不同情她的痛苦，反而逼她母亲改嫁（俗语"卖寡妇"）。但她母亲执意不从，走投无路，竟至讨饭糊口。当时她母亲，困难重重，居无定所，行无目的，过着颠沛流离的生活。他母亲这段悲惨的遭遇，正值孟女士在母腹中孕育的时候。后来，孟女士有那样的气质与性格，其原因不是非常明显的吗？

孟女士上有两兄一姐，与她大不相同，气质与性格都很正常。（其姐夫赵先生口述）

例六：张女士，五十三岁，丈夫李先生，夫妻二人都是某工厂工人。有四个孩子，一男三女。大女儿一九五二年生。这孩子生来气质特殊，个性愚鲁，好生闷气，哭起来没头。三四岁时，和同龄小孩一起玩，常常无缘无故偷偷地狠劲掐人一把，掐得别的小孩哇哇哭，她却悄悄地跑掉了。父母常因女儿惹祸，向人家赔礼道歉，对孩子严加管教，但毫无效果，好像在孩子的心灵中有长时期的积愤没有发泄出去似的。

大女儿上学以后，性情仍然是那样愚顽。有时冬天下雪，心不顺，站在雪地里哭，母亲把她拽进屋里，她仍回到原处去哭，直到哭够为止。曾一度患大脑炎，二十多岁以后，竟变成精神分裂症患者。严重时，欲持刀行凶，时轻时重，长期不愈。

儿子非常任性，主观性特别强，脾气粗暴，缺乏自我约束能力，不听劝告。结婚后，夫妻经常打架。虽然很聪明，但未用在正道上。这两个孩子为什么有这样的气质与性格，并酿成严重的后果呢？只要看看他们父母前期的表现就清楚了。

李先生农民出身，五十年代初，由农村老家转入城市当工人。由于一段城市生活，熏染上一些虚荣浮薄之习，逐渐看不中自己的妻子了。夫妻反目，常闹纠纷。之后，李先生竟发展到对妻子拳脚相加，严重时，打得妻子昏厥倒地，不省人事。以后又闹离婚，离婚后又复婚。如此反复折腾，人为的灾难，笼罩着整

个小家庭。妻子张女士精神上的痛苦，不言而喻。这正是孕怀大女儿时期。

殊不知，这两三年精神上的折磨，正是他们大女儿与儿子先天性格生成的两个阶段。由于丈夫一时的错误，意志的堕落，竟为害下一代，其后果的严重，实在令人触目惊心，慨叹不已。有另外两个女儿时，夫妻关系已重归于好，她们的气质与性格都很正常。（张的表兄周先生口述）

做父母的，由于短时期的荒唐任性，行为不端，却贻害儿女痛苦终身。笔者写到这里，不禁心情激动，手颤泪涌。切望天下未来的年轻父母，多为下一代的命运着想着想吧！

例七：张先生，某建筑公司职员，王女士，某中学数学教师，两人都出生在东北光复后的知识分子家庭，在患难时期结为伴侣。尤其是女方的全家，在六十年代后期，随着父亲由县城被送到乡下。此时，这个已习惯了城市生活而又姿容秀美、聪明伶俐的姑娘，把乡下许多又脏又累的农活，全都干遍了。一九七〇年结婚不久，她便随着搞基建的丈夫远离故乡，到湖北郧阳地区的偏僻山沟里落户了。

这是一个既贫困又落后的偏远山区，直到建筑公司到来，当地老百姓才知道什么是电影。王女士初到此地，不仅生计艰窘，而且生活习惯、风俗语言，无不感到陌生。为生活所迫，她曾当过火车沙石装卸工，身体的劳累，精神的苦闷，可想而知了。然而她心地善良，以助人为乐，又幸遇心地善良的房东大嫂，每天领着她到树木葱茏，流水潺潺，奇花竞放，芳草萋萋的山谷里采集各种草药。好心的大嫂又常常给她讲妙趣横生的故事，同她唱曲调悠扬的山歌，几乎整天置身于溢香满山的幽谷里，使她把多年的屈辱与忧伤完全忘掉了。此时王女士正在怀孕，儿子一九七二年初出生。当地风俗，不许在房东家里生孩子，于是便借个低矮潮湿的水泵房分娩，满月后才回家。

这孩子的气质性格与其母亲整个孕期前后的处境和精神状态的变化合若符契。孩子素性倔犟，很少露笑容，来了脾气天不怕、地不怕，但平时胆又很小，对社会上的不合理现象深恶痛绝。然而非常聪明，学龄前即会背许多唐诗，从小学到中学，学习成绩一直名列前茅，后来毕业于天津商学院。其倔犟性格，正是其母亲苦闷抑郁、敢怒而不敢言的内心世界的投影。然而并未因此而阻挡其天资聪慧的禀赋，原因是有丈夫的体贴，尤其与那位善良的房东大嫂每天伴她到山中玩赏这一客观条件是分不开的。

女儿一九七四年春出生，性格天真活泼，聪明俊秀，诚实开朗，心地善良，写作能力很强。十二岁时，小学作文即很出众，其佳作多次登载在城市小学作文的刊物上。她的智力禀赋与她哥哥基本相同，唯气质性格有明显差异，后来毕业于天津南开大学。原因是其母亲在孕期精神状态与前有所不同，此时对山乡的生活环境已基本适应，生活也略有好转，情绪不再像以前那样压抑了。可以看出，其性格形成的先天因素与其哥哥有非常明显的不同，但其智力的先天因素与她哥哥基本相同。用她母亲的话说："这两个孩子的禀赋，大概是与孕期里'得山川之灵秀，回大自然的怀抱'有关系吧。"从这两个孩子生成的过程来看，可说明夫妻和睦，并有"苦里求乐，败中取胜"的自我调节精神，对下一代的智力与气质的影响是多么重要啊！（王女士自述）

# 生理宝录[1]

## 一、如何优生优育

不管动物植物，特别是人，要把握一个"和"字。

和什么？中国古代这方面讲得比较多，要和之于天，和之于地，和之于人，和之于己。

和之于天，天时不利，比如日食月食，彗星跟木星相撞，暴风骤雨，闪电打雷，天时不正，这些都不行。

和之于地，比如，这个地方有污染，这个地方有危险，这个地方不安静，这个地方有地震、火山爆发，不行。要居善地，动善时。

和之于己，你今天很疲劳，今天感冒，今天大病，今天情绪很坏，今天是你生理的周期，很热的周期，男女任何一方都不行。还有，小夫妻双方要和，生理上要和，感情上要和，周期上要和，周围环境也要和，外面不能吵吵闹闹，不能打麻将。

和之于己，和之于人，和之于地，和之于天，内环境和外环境高度地和谐统一，心要顺，双方精气神都非常饱满，这时候播种生的孩子叫做优生优育。

然后胎教胎育也要和，过去中国有很多规定，惊险的小说不能看，惊险的戏不能看，武打的书也不能看，晚上不能照镜子

---

[1] 可参见《寿康宝鉴》，团结出版社，2014年版。

等，符合大道的本性。大道最佳状态要和，符合这个和，天地之大德曰生，这个生充满了无限的生机，生机勃勃，生的孩子就很聪明、很健康了。

## 二、已婚者禁忌

夏至冬至后各三十六日保精期，禁止生理交媾；

人天阴阳会日在每月初一、十五，禁止交媾；

每日十二时辰内元气在体内化合时刻是子、午、卯、酉，禁止交媾；①

阴雨之日禁止交媾，否则育子呆傻，恶昏或无智，闹不省事；

电闪雷鸣之时禁止交媾，否则育子邪不务正，性情暴躁或身有残疾。

父母生日，灯前月下，粗风暴雨，四离四绝都不能交媾。②

交媾之际女子必须仰卧，反则生人有可能哑巴或原胎带病，关键在夫妇之和为主。

在孕期行住坐卧均取其正，口不出傲言，目不视恶色，耳不听邪言，心不存邪淫恶念，常念保胎教则，生人形容端正，才智必过人矣。

妊娠后，性天清朗，心地光明，实行忠孝，注重德行。

---

① 子时：深夜11点至1点；午时：中午11点至1点；卯时：早5点至7点；酉时：晚5点至7点。
② 每年的春分、秋分、夏至、冬至的前一日就是四离日。每年立春、立夏、立秋、立冬的前一天叫做绝，此四即为四绝日。

## 三、欲事忌讳

男女之间的欲事，不但会影响身体健康，而且有很多忌讳。

先人积累了长期的生活经验，观察到自然界的运行法则，天地、日月、寒暑、昼夜、四季轮转，与人类的动静、垢洁，在顺逆、生灭之间，彼此有相互依存、制约与转化的关系。春秋时期，诸子百家体认到宇宙间自然环境与人体健康的关系密不可分。现在工业社会，对于四时节气已不像农业社会那样重视，但四时节气对于人体的生理影响，却是不容忽视。

不仅中医这样认为，目前西方社会也在研究朔望、潮汐等与人体的互动关系。现在科技发达，寒热干湿虽可利用机器调整，但人类健康却未提升，疾病型态更形复杂，天灾及各种意外灾害迭起，中外伤亡者不计其数，虽科学昌明亦难以预防。每见灾难中有伤亡惨重，也有轻伤无碍者，其福咎之间的关系，无从研判。若能洞彻福善祸淫、因果循环之理，就不会阻塞于有限的知识范畴，处处打结。

老子说："人法地，地法天，天法道，道法自然。"人们的身心变化，顺逆、盛衰、福祸、寿夭，与宇宙自然界的天象、地理、人文，确实有相应之处；若想求得平安福寿，实须顺应天地间自然现象的法则，有所警惕，诚当戒慎。

**属于天象界的天忌**（即佛法所讲的"非时"）：

（一）诸佛菩萨圣诞日、天神法界降鉴之六斋日或十斋日，

应该斋戒清净，以示尊敬，纵是夫妇也应禁欲。

（二）二十四节气，这是指天地之气有所限节。天文家将周天分为三百六十度，自春分起算，以地球绕行太阳一周，而将二十四气分配在十二个月来称呼。夏至、冬至之日及其前后半个月，以戒欲为宜，如有违犯，来年容易神昏气衰。冬至的半夜子时，就是十一点到一点，或冬至后的庚辛日，冬至后的第三个戊日，犯者都会短寿。

（三）大风、大雨、大寒、大暑等天气异常日，犯了欲事，易得阴厥症，男人缩阳，女人缩乳，并得妇女病、四肢冰冷、腹痛、脑逆、头痛。

（四）雷电霹雳、天地晦冥、日食月食、虹霓地动，这属于天文界的异常现象，犯欲事而怀孕，容易产下畸形儿，甚至容易夭折。

（五）在日月星辰之下，犯欲事者会减寿。

（六）初一、十五为朔望日，切忌犯欲。夜入五更时分，即清晨三点到五点，体内阳气初生，犯欲事则大损气血，一次之欲事等于百次的耗损，这要切忌，所谓"切忌五更色"。

**属于地理之地忌**（即佛法戒律所讲的"非处"）：

（一）寺庙、观堂等神圣的地方，犯欲事者会大减禄寿。

（二）山川神祇、社稷井灶、荒园、坟墓旁、神前枢后、持斋祭祀日，犯欲事者恶神降胎，产畸形儿身死。

**属于人文之鉴忌：**

祖先、父母之诞日、忌日，及自己之生日、甲子日、庚申日，均应戒欲事，犯之减寿一年。

**属于身体之生理现象的禁忌：**

（一）酒醉、饭饱犯欲事，会使五脏翻动，伤脾、胃、肾，生热、生痰、腹泻、胃痛；腐聚成毒则生疮疽。

（二）空腹犯欲事，会大伤元气。

（三）眼疾未愈或初愈，犯欲事者，视神经受损。

（四）筋骨受伤，愈后须戒欲半年，未过百日而犯欲事者，容易死亡；过百日而未过半年者，复发难愈。

（五）肺病愈后，要断欲一年，否则复发难治易亡。

（六）恶疮、出痘、病中，未愈前须戒欲；犯者轻病加剧，重病易死。

（七）大病初愈，犯欲事者，易复发、加剧，或转成并发症。很多人大病初愈，认为已经无碍，即行欲事。像印光大师的在家弟子罗济同，信佛很虔诚，即因大病初愈犯了欲事而死亡，虽然印光大师有暗示他，但他听不懂，终至造成遗憾。

（八）怀孕时应分床绝欲，重视胎教，所生之子，男必方正庄严，女必娴静优雅，长大后不犯邪淫之事。若欲事不节，则伤胎、流产，小儿易得胎毒、阴痘、疥癣、疳积及小儿五痫病。

（九）产后十天内犯欲事者，会血崩、恶血成块成泡，日久成瘤、恶病易死。百日内犯欲事者，得妇女病及腰痛。一般西医都说，产后四十二天就可行房，其实应该在百日以后，或者越久越好。现在很多妇女中年以后即有许多妇科疾病，多与此有关。

（十）欲事之后，不能立刻喂奶，否则气血易损，容易肾亏。

（十一）月经期间犯欲事者，得血麻症，经血成块、浮肿，男女俱病。

（十二）过度辛劳、郁怒、烦忧、惊怖、过热，犯欲事者，内分泌失调，新陈代谢紊乱，影响中枢神经及自律神经。

（十三）激烈运动或长途跋涉前，犯欲事者容易生病；之后犯，则易死亡。

# 四爱浅说[1]

## 博 爱

博爱者统乎志界,乃广益之爱也,即圣人"不独亲其亲,不独子其子"之义,虽然也得由近及远,不可背亲向疏,必须"老吾老,以及人之老,幼吾幼,以及人之幼"。吾之子吾知爱之,人之子,吾岂不爱欤!民胞物与,一体同亲,方为大同之现象。方今圣贤大开普度之门,有教无类,一拜门墙,皆循循善诱,因材施教,曲予成全,托起下愚,同归中道,导之以伦理,调和其性情,挽人世之颓风,补天地之正气。此大圣人一片婆心,所谓博爱者也,吾侪宜效法之。

博爱诗云:

博爱俨然圣教隆,普天化育沐春风。

视人子女皆如己,一体亲仁乐大同。

## 慈 爱

慈爱者近乎意界,乃对于子女,道义之爱也。在儿童教育之期,即应培养其根本,化其性情,勿俾其有恶劣之沾染、乖张之特性。小儿如小树般能栽培其根,灌溉以水,则枝叶自荣,而花果亦丰矣。培根者,即"君子上达",乃奉祖先,孝双亲,做善

---

[1] 《四爱浅说》《教养子女之方》与《教与管的区别》三文可参见《诚明录 笃行录 家庭伦理讲演录》,世界知识出版社,2011年版。

功德也。溉以水者，即明师，施教育，俾其有正当学识，知尽伦常也。所以父称为慈者，因为能正小儿之性，教之以道也；母称为悲者，因为能除小儿之苦，养之以法也。在八种福田之中能孝父为种慈田，能孝母为种悲田。所以人能配三才、赞化育，悉慈爱之力，宜深思之。

慈爱诗云：

> 义方教子是仁慈，挈领提纲道莫离。
> 
> 要使儿童成大器，先从心上启良知。

## 疼 爱

疼爱者竟落心界，乃乖情之爱也。即"小人下达"，不以父母为心，竟以儿女为事，不培其根，不做德也；不润以水，不施教也。德不做则根基不牢，教不施则枝叶不茂。欲思子孙，扬名显亲，光宗耀祖，不亦难乎！慈爱者属阳光，光照万物，故有生发之象，主儿女发达；疼爱者属阴火，火炽万物，故有焦灼之状，主儿女旺。往往见有父母疼爱子女不合中道，在幼稚髫龄，即丰其衣，美其食，娇生惯养，以纵其性，怕儿女受屈，不肯严加教育，以任顽皮，所谓"养不教，父之过"也。此等子女，有三种坏处，若非夭殇，定然多病，即令长大，亦不成材。为人父母者，宜猛省之。幸勿疼爱可也。

疼爱诗云：

> 疼爱亲心阴火磨，娇生太过失中和。
> 
> 伊谁上达培根本，所以人间逆子多。

## 溺 爱

　　溺爱者堕落身界，乃纵欲之爱也。此等人，视他人子女如草芥，见自己子女如宝珠。溺爱之人，不但不孝双亲，并且不济亲友，一切方便不作，片善不修，除子女及产业外，毫无当其意者。因之对于子女溺爱不明，恰如阴水浸物，决无生旺之气。尤惯小儿骂人打人，爱小窃物，任意损坏玩物，糟践食品，无长无上礼节全失。俗语云：要星星不敢给月亮，头顶着怕吓着，口含着怕化了。在幼小之时，他父母即培之以阴，领之以悖理，及至长大，他再近墨者黑，交些坏友，恶习成性，倒行逆施，殃及四方，累及亲友，不守国法，不近人情，使天地伤心，世人切齿，祖宗为之叹息，后嗣遗有灾殃。此皆糊涂父母，溺爱子女之害，宜儆戒之。

　　溺爱诗云：

　　　　溺爱因亲理未明，漫云儿女是生成。

　　　　摧伤正气亏天地，只怪源头水不清。

## 教养子女之方

道是行的，不是讲的，换句话说，道是人走的。当父母的，是从幼年儿女道走过来的。到中年有了儿女，就得行父母道。父母之道不外教与养，教养兼全才是道。在未生子女之前，看你种的什么因，生出儿女来那是结的果。欲产生良好子女，全在自己种因上求。

在夫妇二人，好比是个开招商店的，你开的是大旅馆，挂大招牌，安寓仕宦长官，所招来的全是做官为宦的；若是开大店挂招牌是安寓客商，所招来的全是买卖客商，提包大氅；若是开寻常店，所招来的，全是推车担担的；你若开小店，所招来的是乞丐穷人，东跑西颠的苦力人。这些穷苦人，断然上不了大旅馆里去。可是那些高官贵客，也绝不能来小店里住。道是自然之理，人的生育子女，也是这样。你若存天下为公的心，断不能生自私自利的子女。你要存贤孝的心，也不能生忤逆不孝的子女。甚至儿女听说不听说，守本分不守本分，孝顺不孝顺，全在自己种因如何，生出子女是结的果，你还问谁呢？儿在胎中时，当实行胎教，尤其为母亲的，坐必正，行必稳，心平气和，目不视恶色，耳不听淫声，口不出恶言，心存正念善意，生出子女，必然贤孝。这是说的先天教育。至于后天教育，更须明白，尤其小儿在食乳时期，更有关系。乳汁，是大人的气血，大人气质清，化合的乳汁必清，小儿吃了，不但体格能发育，心性中必然清明。

假使大人常着急上火，动禀性，怀着恨、怨、恼、怒、烦的五毒气化合的乳汁，也是毒乳，小孩吃了，长禀性，还生疾病，危害身心性命，关系最大。再者，大人若是不明白道，在抱着小孩吃奶时，生气上火，擦眼抹泪，或恨天骂地，小孩一面吃奶，一面眼看，这叫给小孩种恶因，种毒因，不可不知。还有禀性不好的人，抱着孩子和他人打架，指东骂西，比鸡骂狗，打小孩的屁股，羞辱别人的脸面，表面上是打骂孩子，其实就是打翁骂婆，也许辱骂妯娌，是不是给小孩种下毒因呢？不但给小孩种毒因，还给小孩加罪，这是何等的愚痴呢！还有一节，小孩才会说话，教导着他骂人，又教导他打人，拿人家的东西，不制止他学懒学坏，学着不吃亏。当父母的认为是孩子聪明，还很欢喜。要是从小给孩子种下这种因，将来哪有好结果，一定横行无礼，逆伦犯法。这不是送孩子下地狱吗？若父母明白教养子女之道，实行教养子女，这是根本教育，关系非常重大。现在为什么大道失传，就是因为缺乏根本教育。盖学校教育，社会教育，民众教育，都是成年人的教育，是后来的教育。父母之教，乃是教育的根本。先入者为主，根本培养好了，枝叶自然随着好，这是教养兼施之道。当父母的应负的责任，教养二字，是离不开的。但教养要合道，那就是义方教子。为父母者，不可不知也。

## 教与管的区别

爱子不得其道，就是不慈。慈字之误用，在管教二字分不清。

（一）溺爱不明。自从有了小孩，爱之如掌上明珠，对于吃穿，尽迎合小孩的心理，养成骄惯性，好吃懒做，由习惯进而染上嗜好，吃喝嫖赌吸，无所不为，自身又一无所能，成为流氓，丧德败家，妨害社会，触犯国法，成为罪人，受刑亡命。这种恶果，皆由溺爱二字之因所造成，不慈孰甚。

（二）不管不教。有了小孩，只知道养，美衣美食。对于小孩言行动作，任其性之自然，不教也不管，这又错了。小孩天性未离，此时若不好好教导，渐渐性流为情，情流为欲。初则放荡于礼法之外，渐至入于下流社会，很是危险。不但品行不端，行为不正，将来招灾惹祸，后患不堪设想。

昔有囚犯某到了法场临刑时，要求法官，见他母亲一面，死也放心。法官哀怜他这番孝心，许之。他母亲来到法场见面时，该囚犯要钻他母亲怀里吃一口奶，其母爱子心切，听其子之行为。其子竟将其母之乳头，一口咬下来。其母大痛喊叫，说可要了我的命了，好狠心哪！其子接口说，你的心比我还狠得多呢！想当初我小的时候，偷了人家的东西到家，母亲不管我，还很欢喜我，所以我大了，便做了贼，因犯法定了枪毙的死罪，这是你不管我，养成我的偷盗心，送了我的命。我心狠，哪知母亲送了我的命，比我还狠得多。这段事，当儿子的固然不对，当母亲的

算对吗？这是不管，也就是不慈。至说到不教，关系更大。

古人教小孩，能食，教以右手，吃饭先让老人吃。有食物，老人不分给不要。能言时，教以数与方名。教他见人行礼，恭敬长上，孝敬老人，大了自然能孝能悌。若不教导，便不知礼节，不知尊卑上下，习惯成第二天性，养成逆子，不孝不悌，为父母的，不能辞其咎。所以古人云："养不教，父之过。"这是放任太甚，也是不慈。

（三）管得太严。有了儿女，恨铁不成钢，自己孩子，总得比别人强。儿女稍有差错，非打即骂，毫不留情。原来父子是主恩的，威多恩少，便失慈的真道，使儿女对于父母，初则畏之，渐疏远之，甚则离心离德，这就是管之过严，亦非中正之慈道。

以上三种，均不合慈道。

真正慈爱儿女的，从小就教养兼施，由胎教、襁褓教、婴儿教等，处处留心。小孩发育不全的时候，固在善养，但养中须有教。在小儿初学会说话，先教导他明白老人的称呼，叫爸爸，叫妈，叫娘，叫爷爷奶奶，叫伯父叔父、姐姐妹妹、哥哥嫂嫂等，使他知道尊长亲亲，慢慢再添字，问爸爸安、妈妈好等的话。等他会走会行动的时候，教他行礼。有了食物，教他先奉老人，让给哥哥先吃，知道孝悌之道、谦让之礼。少有点好处，必须夸赞他，或用相当的奖励鼓励他，更高兴，能实行。

小儿有了过错，不可先打他，更不可骂他。先说明是非，使他知过必改。善言开导，不可体罚，免伤他的自尊心，自然小儿能迁善改过。千万不要骂他，骂则口出恶言损德，老人听着还不愿意。更不可一错便打，把孩子打完了，小孩还不知道为的什么，打得直眯瞪眼，生出毛病来的很多。

教小孩说话，先提说祖上的德行，老人的好处，一家人的长处，大家都爱听他的话，小孩无形中生出爱敬老人的心。小孩渐渐长大，教导他洒扫地，接待客，见客行礼、问安等细事，然后大了，入校求学，养成端正人品，立身行道，扬名显亲，有功于世，有德于人。这才不亏天覆地载，父母所生，为天地的孝子，古今的完人。

人人能如此实行，世界哪能不太平呢？然追本溯源，还是归功于父母之教养有方。

## 为了妇女的解放

### ——本世纪初王凤仪创办女义学纪实①

在黑暗的旧社会,广大农民在"三座大山"的压迫下,处于水深火热之中。而塞外朝阳大地,站起一位目不识丁的农夫,不避艰险,寻求光明之路,他携妻率子,奔走呼号倡办女子义务学校,经年累月,历经三十多个春秋,感动世人,关东大地兴起女义学数百所,激发了女性争取自由解放的勇气,女人和男人一起参加社会的变革,推动了教育的发展,这位农夫就是闻名遐迩的王凤仪。

王凤仪,名树桐,字凤仪,一八六四年十一月一日生于朝阳市云蒙山下王营子乡树林子村的一个蒙古族家庭。祖父王德泽和父亲王清和世系务农。王凤仪有胞兄弟四人,他排行第二。因家境贫寒,凤仪自幼给村中大户人家放牛,到十七岁那年,他随父耕田,学做各种农活,并开始了扛活做月的繁重劳动,一直到二十八岁。

王凤仪在劳动中痛感穷人"粗人"之愚顽,对读书明理产生了兴趣。他常叹自己时乖命蹇未能读书,所以劳作之余爱听人讲故事,暗自发誓将来非供儿子上学读书不可。在劳动中,他创造

---

① 本文摘自一九九四年八月二十八日的《朝阳市日报》,作者雷音动,题目中的"本世纪"指二十世纪。

了"性理疗病法"。性理疗病法,与通常"性理"不同。他常为人"理疗",解除病痛,同时悟出了一个道理:欲社会好,必有好的国民;欲有好的国民,必有良好的教育;而治国必先治家,家庭必有良好的教育,其关键要有好的母亲;母亲的形成,又必从姑娘做起,因此"女子是齐家之本,清国之源",必须兴办女学。一个目不识丁的农夫,欲兴办女子学校,改造社会,真是不可思议。

王凤仪中年时致力于倡办女义学。他首先说服了年已三十八岁的妻子白守坤到锦县杂木林子宣讲堂学习文化。白守坤经过半年多的时间,刻苦攻读《女四书》等初级课本,识了些汉字。回到家中后,孜孜不倦地自学苦练,具备了教别人识字的能力。其儿子王国华八岁时,王凤仪怀着无限的希望,送他到私塾馆读书,学习了几年,具有了相当的文化。一九〇六年二月,王凤仪首创的锦县十里台女义学,在张士俊家开学,白守坤教女学生,王国华教男学生,母子俩共教互勉,教学相长。王氏家族倡办女学走出了第一步。

一九〇七年,王凤仪在锦县、朝阳交界的高桥、根德营子等地办女学七处,有学生三百余人。白守坤和王国华母子俩教学认真负责,受到学生家长好评,并常有人赠送衣物等礼物。王凤仪知道后对妻儿说:"收了人家的礼品,多不该呀,我们是为改变风俗,哪能收礼呢?!"王凤仪办学三年后,引起朝阳知府王乃斌的重视,便到女学视察,并嘉奖了他们。但世上也有说三道四的。王知府召见王凤仪,问明虚实,王凤仪说:"我本是一个农夫，就知道叫女子念点书，出苦水……可是有的人怀疑我是个农夫，没有这个本事，造出谣言。知府大人明察过女学，大家都承认啦，办好了就是。"王凤仪陪王知府视察各处女学，果真名副其实，息了谣言，女学有了发展。

一九〇九年，国内变法呼声很高。三月间，王知府召集士绅讲解新章，王凤仪也参加了。王知府特意把王凤仪请到台上与他并坐，向众人说："这就是王凤仪先生，近年办女义学多处，我恭敬他，是恭敬他的人格，为民众办了学堂，请诸君学他，我也同样恭敬诸君。"

一九一〇年，朝阳府城建立女子学校，王知府特聘白守坤任女教师，月薪八两白银。是时，王国华考进奉天省两级师范，白守坤凭着薪银供儿子求学读书。王国华聪颖勤学，每学期考试都名列前茅，以优异成绩毕业，回到朝阳办学从教。

一九一二年，王凤仪到海城县办女义学。为了提高师资水平，他特带领一些女教师来朝阳学习。当时遭到劝学所长赵某和校长的拒绝。王凤仪毅然叫妻子白守坤辞去府城女校教师之职，到城南郭家窝堡张四先生家办女师训练班。以前白守坤的月薪已提高到十二两白银，但她听夫命，在训练班培养女教师。王凤仪对海城县办学人张雅轩说："办义学的宗旨，是让女子受教育，是千秋的大德。"张雅轩表示立志三年穷，决意破产办学。从一九一一年六月到一九一二年春季，张雅轩在王凤仪的帮助下，创办了周正堡淑贞女校，后来扩展七处分校。与此同时，辽阳、辽中、台安、盘锦几个县也效仿张雅轩办女义学，都请王凤仪巡回指导。一九一八年，怀德、伊通、双阳、德惠等地，也办起了女义学。一九二三年，黑龙江省安达县的杜绍彭在王凤仪的帮助下，开始办学。一九二五年九月，据有关资料记载，热河、奉天（沈阳）、吉林、黑龙江四省十九个县共有女义学九十九处，一百二十个班，教职员达二〇六人。这都是在王凤仪的倡导下而兴起的女义学。

一九二六年，王国华按照父亲的意愿，在朝阳县羊山镇创办"国华学校"。后来又在朝阳城内创办"凤仪女子师范学校"，王国华任校长，白守坤为学董，坚持办学十八年，培养了大批女教师。

一九三〇年，六十七岁的王凤仪去北平万国道德会考察，了解了该会"改造社会，缔造大同，促世界进化，谋人群幸福，实行利民生，启民智，敦民德"的计划，协商了在东北与关内所兴办的四三七处女义学与江希张创办的万国道德会"合流"。随后将河南、绥远、陕西一带的灾童一八〇多名，由北平送驻东北的安达县喇嘛甸子学田部设立的工读学校念书。从此，对外是道德会，对内仍是女义学。两年后，关内外有分会五百余处，女义学三百余处。

一九三一年"九一八"事变，日本帝国主义者入侵中国，政局剧变，关内外阻隔。一九三三年十二月，长春成立了道德会，上层机构背离了原来的宗旨，王凤仪决意与其分离，主张辟新路，到乡间办"新农村"。他的同事们十分赞同，高正午、朱循天、武化民等人先后在东北各地创办了新农村、安老所、怀少

园，把义务教育与行善融于其中。一九三七年十一月二十五日，王凤仪因病辞世。他把自己大半生的精力致于倡办女义学，尽管在教学内容中有封建礼教，那也是客观存在的，其主旨是教女子学文化，长知识，走出家门，参加社会活动，这是不可泯灭的贡献。不仅如此，他还潜心研究医疗，创造了"性理疗病法"。王凤仪死后，其子王国华整理了他的《诚明录》和《性理疗病征验录》，于一九三六年在安东（今丹东）出版，广为流传，各地出现了效仿王凤仪"性理疗病法"的性理疗病社，为民众解除病痛，这又是一位农夫对世人的贡献。

王凤仪胸怀坦荡，热爱中华。他的儿子王国华更是有民族气节的人。他继承父亲的遗志办了朝阳凤仪女子师范学校十八年，自任校长，自立教育教学规章制度，鄙视日伪推行的奴化教育，因而日本人给凤仪女师加压力、设障碍，王国华冲破重重困难办学，他对学生讲，要为民族独立自由刻苦读书。王国华在日伪的官场从不穿日本式的"协和服"。一宗宗事引起日本人的忌恨，一九四二年王国华去大连西岗子道德会讲学，遭日寇暗算，时年五十五岁。王凤仪一家对辽西文化教育的发展作出了不可磨灭的贡献。

家庭伦理教育①

---

① 参见《让阳光自然播洒——刘有生演讲录》,世界知识出版社,2011年版。

# 一、慈道

## （一）领教而非管教

什么叫慈道？领子学道，把子女领教好。子女由教而成，由不教而坏。孩子出生以后，就像一棵小树，必须有好的园丁，出杈就给它修掉，这样才能成材。

我们当老人的，得会领，领教而不管教。监狱管犯人叫管教，现在的孩子可不能管教。过去你要管他，他还不会跑，现在你管他，他就要跑了。王凤仪先生明白这个道理，他告诉我们："你要管人，就等于拿着棒子唤狗，越唤它跑得越远，因为怕你打它呢。"

那怎么教育儿女呢？就是要领教儿女。领教与管教不同，领教就是你自己得先做出个样子来。父母是儿女的第一任老师，父母日常生活中的言谈举止、所作所为，都会在儿女的脑海中打上一个深刻的烙印。父母是前车，前车过去就有辙，儿女瞅得明明白白。你不用刻意去教他，他自然就会沿着父母的前辙走。这也正是王凤仪先生所说的："父母性善，儿女就善；父母性恶，儿女就恶。"

我们做父母的要好好想一想，我们这第一任老师当得怎么样？会不会当？给儿女留下一个什么印象？有没有把儿女领教好？做父母的别管儿女孝不孝，你得尽慈道。做儿女的别管老人慈不慈，你得尽孝道。这就叫各正本位，各人归到各人的本位上去。各行其道，才不会碰撞，才有太平。《中庸》上讲"天地位焉，万物育焉"，也是这个意思。

## （二）多为儿女培德

慈道有很多方面。我们不给儿女拉债务，也不给儿女攒钱财，这就是慈道。我们做父母的要培养儿女自立，不能过分地关心溺爱。一般来讲，我们把儿女养大，供他念书，走向社会，成家立业，就算完成任务了。

可是，现在很多父母都不知道如何尽慈道，对儿女多是溺爱，只会用物质和金钱去惯养他，不会用精神去教导他，更不会用自己的优良品行去引领儿女（多半因为自己没有），最终导致儿女养成种种恶习，好吃懒做、花天酒地、为所欲为，造下无边的罪孽。那可真是爱他越深，害他越深，简直就是一个劲儿地把儿女往地狱里推，还自以为是尽慈道。

你给孩子很多钱，那就是慈道吗？不一定是慈，很可能是害。因为财是惹祸根苗，没有德行，运用不好，就会引火烧身。

我们做父母的一定要好好想一想，怎么做才能真正利益我们的孩子？我们可以用金钱立功做德、救困扶急、惜老怜贫、修桥补路、舍身护道、建筑学校、安老怀少。父母用钱去做这些事，那叫培德。给儿女培下根基，德荫子孙。这又说明一句话，"儿女不用管，全凭德行感。"德大了，鬼神都钦佩你，更别说儿女了。王凤仪先生也曾经讲过："父母变，儿女就变。父母变什么样,儿女就变什么样。"

现在很多父母都盼儿女好,盼儿女变,用各种方式,有的是管,有的是吵,有的是骂,有的是打。用这些方式盼儿女好,就是当父母的错了。错在哪里?错在专用钱财物去培养,没用德行去培养。等孩子养成了恶习,你再用恶人的态度去管,这就不是慈了。

还有一些老人不理解儿女的心,挑儿女的理,甚至怨恨儿女,这样的老人往往容易得心脏病。

古人讲"儿孙自有儿孙福,别为儿孙当马牛",舍得舍得,把心舍了,老牵挂他干吗?你想一想,老把另一个人装到心里,能好受吗?牵情挂爱就是罪呀,牵情挂爱就是害呀。

我们做父母的要学会给孩子种好因,什么是因呢?起心动念就是因。你千万别说:"我那儿子完蛋了,我那姑娘什么也不是。"你真要种上这个因,他真就完蛋,真就什么也不是了。你心里总怀一个念:我儿子不错,他肯定能行。结果呢,他就能行。《言行录》中,我们看王凤仪先生说:"我没念过书,我一定让我儿子念书,还要让他把书念好了,利国利民。"果然,后来王国华(王凤仪先生的儿子)做了老师,这就是王凤仪先生给孩子种的好因。

## (三)别给孩子灌毒

我们做父母的,特别是做母亲的,在孩子刚懂事的时候,

千万不要给孩子灌毒。什么是毒？恨怨恼怒烦就是毒。怎么灌进去的呢？在孩子面前讲爷爷的坏话、奶奶的坏话，说爸爸不好、叔叔不好、姑姑不好……

有的妈妈跟孩子说爸爸如何如何不好。因为孩子刚刚懂事，这么一讲，他马上就接收。你说爸爸不好，他就恨爸爸；你说奶奶不好，他就恨奶奶。孩子一怨恨，毒气就灌进去了，头脑马上就会混浊，身体心灵就不健康，学习自然就要下降。我们都期盼孩子好好学习，但如果不给孩子足够的精神补助，孩子怎么能学好呢？

什么是精神补助？我们应该在孩子面前多说家人的好处。尤其需要注意的是，做父母的千万不要在孩子面前讲对方的不好。纵使夫妻之间闹意见，也不能让儿女看见，更不能在儿女面前吵闹。在孩子面前，要说爸爸好、妈妈好、家人都好，不管对方是谁，都要说他的长处。这样就会使孩子对爸爸妈妈、对家里的长辈产生一种尊敬的心、感恩的心。这就是给孩子最好的精神补助。

# 二、姑娘道

## （一）姑娘是人类的源头

王凤仪先生说："一个人就是一个天地。好了一个人，就好了一个天地。"你看看，一个人有多么重要，真是比天地都贵重，我们自己还不知道呢。天地是什么呢？天地是阴阳。阴阳是什么？阴阳就是一个男人一个女人。一男一女组成一个家庭，众多家庭组成一个社会。

水有源，树有根，人类的根源就是姑娘。有好姑娘才能有好媳妇，有好媳妇才能有好母亲，有好母亲才能有好孩子，才能有人类美好的未来。你看看，姑娘多么重要！

当姑娘的必须纯洁。人类的发源地就像一个河流的发源地，发源地淌出的水是清的，水永远是清的；发源地淌出的水是浊的，水永远是浊的。发源地不好，人根就要坏。姑娘当不好，就当不好媳妇，就当不好妈妈，就生养不出好孩子。现在的姑娘，我说的好像有点儿过分，也不清了，也不白了，浑了，所以人根才坏了。王凤仪先生要我们从人根上去教育，就是先让姑娘明白姑娘道。

## （二）姑娘性如棉

姑娘要性如棉。棉有五种好处。第一，棉花洁白如玉，所以姑娘必须要清白。心清白，性清白，身子更要清白。脚不踏邪地，耳不收邪音，眼不视邪物，心没有邪念。第二，棉花纺出的线，长得没有头，所以当姑娘的要有长性，不能朝三暮四。第三，棉花是温暖的，穿上暖和，所以姑娘必须性情温和。第四，棉花特别柔软，拍之如饼，所以姑娘要柔和。第五，棉花平等待人，不嫌贫爱富，不管什么样的人，贫人富人、老人小孩，谁穿到身上都是温暖的。姑娘要能做到这五点，才算是一个性格好的姑娘。

姑娘以志为根，以提满家为己任。常提满家人的好处，是一家人的贵星。姑娘回娘家，是半宾半主的位。很多姑娘，结婚以后还回娘家管事，认为自己很能干，还给人家当家呢。其实错了，你管多啦，嫂子、兄弟媳妇对你都有意见，你还不知道。人家是主人，你出嫁再回娘家就是客人。客人吹胡子瞪眼睛的，让主人都没办法了。

提满家人的好处是聚灵，也叫聚阳光。现在的家庭只有一个孩子，父母溺爱，娇生惯养，养成很多的不良习性。很多姑娘只会看别人不是，那叫收脏，也叫收阴。一肚子装的都是阴气，孩子生下来能好吗？有些女孩结婚以后，生下来的孩子有生理病，什么原因呢？这就是姑娘先天性不好，在娘家的时候就没养成好的性格。出嫁以后，新的生活开始，不会做活，只会享受，把伦常道给颠倒了，所以老天就给她来个"假票子"，给她来个"假孩子"，来作弄她、闹她、败坏她。作够了，败坏够了，孩子两眼一闭，走啦。

姑娘还要多干活，少花钱，别嘴馋。现在的姑娘把王凤仪先生的话正好反过来了，少干活，多花钱，花得愈多愈高兴，嘴还馋，嘴里总动弹。这就违背了姑娘道。

做姑娘也要懂得自重自爱。现在好多小姑娘上街穿得少，裙子都特短。前些年我进城瞅着，眼睛都得闭上。这些女孩子怎么不明白道理呢？为什么我要这么说？我们在光天化日之下，必须要有个纯正的心念，给世人树立一个榜样，不能给人间留下一个污点。女孩子穿得太少，露胳膊露腿，还露腰脐，男孩子不小心就会动淫念。要知道万恶淫为首啊，造这个恶，责任谁来负呢？这不是自己作贱自己吗？

# 三、媳妇道

## （一）媳妇性如水

我们再来讲讲媳妇道。姑娘性如棉，媳妇应该什么样？媳妇应该性如水。世上没有水，万物就不能生存，万物生长都靠水。水往低处去，托底就下。媳妇的性就应该像水似的，不争功，低低的、矮矮的，这是媳妇的本位。可别像个臭坑的水，圈起来就坏了，得源源不绝、源远流长。

媳妇的性格要像水那样，合五色，调五味，随方就圆。放盐是咸的，放糖是甜的，放红色是红的，放黄色是黄的，这就叫合五色、调五味。装到方桶是方的，装到圆桶是圆的，这就叫随方就圆。

媳妇性如水，多干活儿，不撅嘴，以托满家为己任。怎么叫托满家呢？媳妇娶进家以后，就把满家的事务承担起来，孝敬公婆，辅助丈夫，教育子女，操持家务，不辞辛劳，这就叫托满家。现在很多小媳妇，干点活儿就撅嘴，甚至不干活儿还撅嘴。怎么给她，怎么对她，她都不知足。有的还把伦常道行颠倒了，老婆婆成了儿媳妇，儿媳妇成了老婆婆，现在许多家庭是不是这个情况？老太太起早摸黑地操持家务，儿媳妇睡到很晚还不起床。又是伺候饭，又是伺候水，这不颠倒了？你是在爱她，还是在害她呢？你把她的媳妇道糟蹋了，把她的孝道也糟蹋了。

## （二）娶媳妇是接神

王凤仪先生告诉我们，娶媳妇是接神。女孩明白做女孩的道理，接进门来高高兴兴、乐乐呵呵的，应酬家庭的一切事务，笑容满面的，这是喜神。因为媳妇一高兴，整家人都高兴了。有的女孩不要娘家的陪送，也不要婆家的彩礼，男女双方崇俭结婚，谁也不拉谁的账码。结婚仪式还不搞排场，使婆娘两家在钱财物上不起纷争。进家以后，不争不贪，同心同德，这叫财神。到婆家能把家务完全托起来，以托满家为己任，大家享她的福，这是福神。媳妇要真能达到这种程度，可以说她出贵了，大家都尊重她，所以她还是个贵神。你看看，喜神、财神、福神、贵神，娶一个媳妇接来了四尊好神。

可有的媳妇不是这样，一进门就生气撅嘴，不知足，吵吵闹闹，把家里搅得一塌糊涂，这是什么神？丧门神来了，撅嘴神来了，谁不吓掉魂啊！赶快离她远点，老婆婆、大姑、小姑都不敢上前。你看看，一个媳妇的好坏，直接影响一个家庭的好坏。要不古人怎么会说："一个好媳妇可以兴三代，一个赖媳妇可以败三代。"这话说得一点不差。

## （三）孝敬公婆

女人虽然很平凡，但却可以在家庭范围内做一个孝顺的媳妇。一个"孝"字影响可大啊，能使周围人都受益。可是现在很多女人不会做媳妇，不懂孝顺，或者只孝自己的父母，不孝公婆，尤其是跟婆婆有矛盾。

我就遇到过一些这样的女人，她们站在大街上说自己的老婆婆如何如何不好，相互出主意把婆婆给治了。哎呀，今天你是媳妇，明天你就是婆婆。今天你不孝敬婆婆，明天你媳妇就不孝敬你啊，难道你不知道吗？孝顺公婆和孝顺娘家父母一样重要，这是在给自己培福呢，也是在给子孙培德呢。

## （四）喜爱丈夫

媳妇媳妇，就是要喜夫。你不喜欢丈夫，你喜欢谁啊？随夫贵，随夫贱，嫁什么样的人就安于什么样的人。丈夫是你的依仗，你就得依着他、仗着他。你如果总是埋怨他，总说他不如别人的丈夫，这就不对了。

作为一个好媳妇，就应该爱惜丈夫、尊重丈夫。在众人面前，千万不要擦丈夫的脸。我见着很多媳妇，不管跟前有人没人，丈夫说错点话，办错点事，她马上就恶言恶语，甚至大骂，没有理解和体贴，还认为自己很能耐，把丈夫管住了，甚至还跟别人说："千万不要让他熊住，你得管住他，他才怕你。"

这些媳妇就没有好好想想，天下这么多人，咱们中国就有十三四亿，自己怎么偏偏相中现在的丈夫了呢？不就是看他好，才跟他结婚吗？可一结完婚，就瞅他不像样，觉得自己一朵鲜花插在了牛粪上。这不是自己打自己嘴巴吗？归根结底，还是你不知足，人不知足就没有乐了。

## （五）伦常不能颠倒

什么叫伦常呢？伦常就是长幼有序，小的尊敬大的，大的孝顺老的，这是中华文明的根本，也是一切教化的根本。我们强调孝道，强调伦常，就是强调这个根本。为什么说"百善孝为先"呢？就是因为孝扎在根本上。任何事，要是根子还没坏，那还有救；若是根子烂了，那就没得救了。我讲病的时候遇到过不少的孩子，一生出来就有问题，什么原因呢？大都出在这个根子上，伦常颠倒了，孝颠倒了。

## （六）生一个好孩子

评价一个媳妇好不好，其中关键的一条，就是要看她妈妈做得怎样。当妈妈很重要啊！要想生出一个好孩子，就得从做妈妈这儿用功。要不然，孩子生不好，就会留下祸根，一代代往下传，真了不得呀！为什么这样说呢？因为母子的心是相连的。从怀孕开始，孩子就吃着妈妈的气血长大，妈妈的一喜一怒、一冷一热、一举一动都会影响孩子。妈妈种因，孩子结果。孩子若有病，当母亲的最要反思自己，回想一下自己，那股气是跟谁生的。找到病根，面对现实，认己不是，找人好处。只要认真了，孩子身上就会有奇迹产生。

# 四、夫妇道

## （一）夫妻和合

道在哪儿呢？道在自身别远求，需向"动静"二字究。男人为动，女人为静。动是乾，静是坤。乾坤之别，就是天地之别、阴阳之别。男人为乾为日，是日头；女人为坤为月，是月亮。日月合到一起，才念"明"，也就是说，夫妻和合才能明。夫妻和合，不就是孔子说的"一阴一阳之谓道"吗？

夫妇道是伦常第一关，它就像车轮似的，不停地往下转。俗话说"万年修得共枕眠"，大家看看这个缘有多深啊！为什么说夫妻的缘了不得呢？因为无极变动生太极的时候，就有了阴阳，有了阴阳就有了乾坤，有了乾坤就有了男女，有了男女就有了夫妻，这样的缘分能不珍惜吗？这个缘真是太重要了。

男人为乾，要领妻而不管妻；女人为坤，要助夫而不累夫。男人领妻行道，女人助夫成德。真能达到这一点，就是阴阳平衡。《大学》开章就讲："大学之道，在明明德，在亲民，在止于至善。"我的文化程度不高，对这一章所说的了解不多，不过略知道一点儿。大学之道在明明德，那怎样才能明明德呢？必得男女和谐了。因为男人为日，女人为月，放在一起才有明。只有这个明具备了，才有可能明明德于天下。也就是说，夫妻必须和和睦睦，和合阴阳。阴阳和就是天地和，"阴阳和合炼金丹"，炼出什么金丹？就是给世上留下一个有用的后代。所以说，夫妇是人伦之始、造化之根，我们首先要行好这步夫妇道。

## （二）男刚女柔

男主刚正，女贵柔和。男人无刚，家庭乱如麻秧。什么是刚？有正知正见、正确的观念。男人要刚，但这个刚不是刚暴，而是性情刚正。各方面都得正，不但心正，身还得正，言谈举止行为都得正，这才叫男人的真刚。现在很多男人把这个"刚"领会错了，认为男人就应该有脾气，就应该鸣闹喊叫的。错啦！男人打骂妻子，就是身刚倒了。身刚一倒，整个家庭就会陷入地狱苦海之中。男人必须要真，男人当不真，就会给后代留下遗憾。我们一定要把人当真，千万不要当假人，说假话，办假事。我们必须说真话，办真事，真里拔真。

女子若无柔，家庭必发愁。女人要太刚了，神叉叉火辣辣，猫一天狗一天，一阵风一阵雨，没有长性（稳定的性情），家庭就要乱套。若按过去的说法，女人太刚了，不克丈夫就克自身，不克自身就克子孙，到头来，不是夫离，就是子散。女人的柔，不是让你软弱无能，而是让你性情温柔。男刚女柔，刚柔相济，夫妻才能和合，才能生出孝子贤孙。

男人不能管女人，不能因为她是我的妻子，我就有权力管她，这样管就叫霸女。女人也不能管男人，不能因为我嫁给了他，他就得归我管，就得跟他老人断绝关系，这样的管就叫欺男。一个男人往往能够统帅千军万马，却统帅不了自己的妻与

子，为什么呢？因为你只会管，不会领，妻与子才不听你这一套。男人得会领妻学道，女人得会助夫成德，这样才能达到家庭和乐，才能给世上留下好的人根。

## （三）四大界夫妻

现在学道、学佛的人很多，很多人一心想要修行，口口声声地说："我可不在这尘世上待了，我要到极乐世界去。"可惜大家不知道什么叫极乐世界。极乐世界在哪儿呢？远在天边，近在家园。我们的家就是极乐世界。你把极乐世界看成了苦恼的世界，还想去极乐？去不了！

修行、修行，我们要想修行，就得在日常生活中很好地去行。道在哪儿呢？道在我们身上，别老去外面求。外面没有道，越求越远，那是舍本逐末。人人都盼上天堂、入佛国，却不知道天堂与佛国就在我们眼前。

每一位居家生活的人，与人相处时如果能做到好赖都行，一切没说，不挑任何人的毛病，也不挑任何人的理，这就是佛国的境界。没说的夫妻就是佛国的夫妻，就是志界的夫妻。佛国的夫妻生佛子佛孙。

意界的夫妻知足常乐，互相感恩，彬彬有礼，相敬如宾。男人爱护女人，女人尊重男人，这就叫相敬如宾。这不就是天堂吗？还上哪儿找天堂呢？两人高高兴兴，天堂就在眼前。天堂的夫妻生孝子贤孙。

心界的夫妻勾心斗角，分斤计两。王凤仪先生说："夫妻别讲理，讲理气死你。夫妻要讲情，讲情互相疼。"现在很多夫妻都争理，都死在这个理上。夫妻就跟牙齿与舌头一样，待在一起，哪能总是顶碰？争来争去，肚子都气大了，还在争，这不要命了吗？古人争罪，今人争理。苦用心机，机谋巧算，尽使心眼，你说苦不苦啊？吵吵闹闹，阴云笼罩，这不是苦海吗？苦海的夫妻生逆子，不听话，专跟家长对着干，逆着老人处事。

身界的夫妻只知道享受，吃喝玩乐，花天酒地，为所欲为，胡作非为。家里骂骂吵吵，打打闹闹，没有一天清闲自在，这不就是地狱吗？还等死了下地狱？活着就在地狱里啊。虽然吃得好，穿得好，可是你的心却陷入了地狱之中，那又有什么意思呢？地狱的夫妻生讨债之子，生的子不来干别的，就来败坏你的家庭。

这就是四大界的夫妻。志界佛国，意界天堂，心界苦海，身界地狱。佛国、天堂、苦海、地狱在哪儿啊？就在人间！就在我们的家里出现！这样的话，我们就要好好地对照一下自己，看自己到底站在哪一位。是站在志界，还是意界？是心界，还是身界？现实生活中，身心两界的人比较多，志界和意界的人比较少。相应的，我们的家庭又是什么家庭？佛国家庭，还是天堂家庭？苦海家庭，还是地狱家庭？我们可以自我鉴定一下，看看我们活在什么样的家庭里。

上面的道理若能明白，你的家庭就能马上变样，就能地狱返天堂，苦海化莲邦。为什么呢？因为一个人变了，整个家庭就会变。怎么变呢？就要做到不怨人。这个不怨人可了不得，不怨人就是成佛的大道根啊！凡事你都别往外怨，要想想自己做得都好吗？妻子怨丈夫，丈夫怨妻子，婆婆怨媳妇，媳妇怨婆婆，这样的家庭有的只是愁眉苦脸，一筹不展，这不变成苦海了吗？如果我们把它翻转过来，互相认不是，多找自己的不是，多看他人的好处，多做自我批评，多改造自己、教育自己，这就变成天堂的家庭。这不就是地狱返天堂，苦海化莲邦了吗？所以我们想过什么样的日子，想创造什么样的家庭，全在我们自己。

## （四）互不管辖

我们都病在谁身上了？病在亲人和近人身上了。死在什么人身上？也是死在亲人和近人身上。所以王凤仪先生教导我们："近人要远，远人要近。"近人怎样远？不要牵挂，牵挂心最厉害，牵情挂爱就是罪。对家庭中的人和事，我们都要看破、放下，尽心而不累心。我们尽到了心，就不要再惦记。我们如果再去惦记，就要牵挂，就要管人。管人一分，恨你一分；管人十分，恨你十分，愈管愈反感。

夫妻之间，不能管辖，要学会放下。丈夫也好，妻子也罢，即便走出千里，都得互相放心。要不放心，心里惦记这个，怀疑那个，你就等于用意念把对方支使坏了。

现在很多女人对男人不放心，怕自己的男人让人夺走，对他总起疑心："哎呀，我的男人怎么了？他这一段对我怎么不那么热情了？会不会是对别人热情了呢？"有的女人常说："你跟别人说话笑盈盈的，干吗跟我说话总是拉长个脸呢？"她心里这股怨气就起来了。其实，我们对外人说话能像对妻子那样吗？跟外人说话，咱们得笑脸相迎，而夫妻之间说话，那就该怎么的就怎么的。我们不要挑这个理，为人不挑理，挑理气死你。夫妻得讲情，讲情互相疼。

只讲女人，不讲男人，那也不行。女人低下了，男人也得低下来。妻子为你生儿育女，又给你烧火煮饭、铺床叠被，你不爱护她，反而认为她所做的都是应该的，那就不对了。夫妻间得互相理解，互相关怀，你尊重我，我爱护你，家庭才能一团和气。王凤仪先生常说："男人要把妻子放开，不管妻子，女人也不要管男人。"男女之间互相离开的时间不管有多长，你心里都不要有怀疑，你心里不疑，他啥事也没有。你对他一起疑心，那就坏了。你这里心念一动，他那儿保证也动。你给他种了坏因，他就要结那个坏果，夫妻关系就会不融洽了。

## （五）相互温暖

夫妻之间应该怎么做，才能把夫妇道行好呢？夫妻之间要相敬如宾。一对男女素不相识，甚至是地北天南走到了一起，不应该相敬如宾，以礼相待吗？彬彬有礼，你尊敬我，我敬重你，这叫互敬互爱。

可是现在的很多夫妻，男人不会当丈夫，女人不会当妻子，整天打打闹闹的。别的夫妻相敬如宾，这样的夫妻相敬如冰。在一起的时候不好好过，不是相互给温暖，互相找好处，只知道互相挑刺，越挑当然关系就越冰冷，最后冷得受不了了，就要找另一个温暖的地方去了。

## （六）不要轻易离婚

现在有很多夫妻，三言五语，话不投机，就要离婚。离婚的时候，有些男人眼珠子瞪得溜圆："我就不要你！"女的也不示弱："我一脚踹你一边去。"有些离婚的夫妻根本就没多大的事，"生活习惯不同，性格不合适，住不到一起。"这样就离了。那当初你又是怎么合适的呢？我们要好好想一想，我们讲最近的邻居就是夫妻，你跟最近的人都合不来，那你还能跟谁合得来？

可是现在的离婚率太高了，有不少人都是厌旧迎新，扔了这个，又找那个。你有扔这个的心，就有扔那个的心，这不就飘起来了吗？你有这样漂浮的思想，就会生出漂浮的儿女。等儿女成年了，还是一样照你的路走，婚姻周折，让你有操不完的心。不明白道理的人，反过来还埋怨儿女。明白道理的人，一眼就看透了，那不是你自己种的因吗？都在因果之中，都是自作自受。

还有一些人为了追求个人的快乐，一不遂心，夫妻间就反目离婚。离婚之后，最受伤的还是我们的亲人，还是我们的孩子，跟妈妈去吧，没有爸爸的爱；跟爸爸去吧，没有妈妈的爱。你能生不能养，能养不能教，这样的爸爸妈妈是不是罪人呢？现在有很多离婚的夫妻，把孩子扔到社会上，既给家庭造成了创伤，又给社会和国家留下一个浪子。孩子没有正确的方向，得不到良好的教育，就会在社会上胡作非为。

　　离婚就能解脱吗？离婚就能幸福吗？那可不一定。有的离婚后，虽然到了另一个环境，可是由于性不改，生活还是如此，甚至更加苦恼。我遇到过很多离婚的人，最后都后悔了，可后悔药上哪儿买去呢？买不着啊。也只有咱们这儿能送给你后悔药，让你忏悔过去的错误，明白自己的过错，改变自己的性情。如果情况许可，最好能够破镜重圆；如果确实挽回不了，也可以再去建立新的家庭，努力地去尽这步道。只有漏洞补上了，才能了你这个阴命。

# 五、老人道

## （一）老人性如灰

有些老人听我讲完道以后，高兴地说："这回可好了，王凤仪先生说儿女都得孝顺父母。"儿女确实要孝顺，不过你也得会当老人。各人有各人的道，老人也有老人的道。你要不会当老人，当儿女的想尽孝都难。

人到晚年，就如同到了冬季。"冬主藏"，这是天时，老人应顺应天时。怎么个顺应法呢？就是要学会养藏。《周易》里有这么句话："洗心退藏于密。"年老了，我们从工作的岗位上退下来，不管工人也好，干部也好，都叫退休。退休，退修，国家给我们起了这个名，这就是我们的天命。这个天命让我们干什么呢？让我们退下来修。修什么呢？修性、修命，修不足的地方，修身上那些毛病。年轻的时候风风火火，在外面忙于事业，很多人都没有顾到自己，现在老了，该歇下来虑一虑自己，该藏起来了，该要悟道啦。

老人性如灰，不是（指过错）身上背，能受屈，能吃亏。心怀全家好，省是又省非。年迈交冬季，家政一旁推。无事笑微微，保养性天魁。慈祥能纳福，福星照光辉。这是我们老年人应该做到的。一切人、事、物都推开，顺其自然。把满家人的不是都兜起来，家庭闹纠纷了，老人要说："小的们别争了，这都怨我啊。"老人若能这样，小辈的自然就不争了。

很多老人做不到这一点，炉中灰有火，甚至还死灰复燃。尤其有些老太太，火焰埋小灰，劳劳心不舍，事事显能威。又想掌家政，又想管是非。你说说，遇到这样的老人，儿女的孝道怎么尽呢？有什么事情，老人都跟着乱掺和。叨叨叨，叨叨叨，嘴里沫子起多高！儿女不听她的吧，她是老人；听她的吧，她总拿那个老脑瓜衡量新事物，跟不上新时代。年轻人说："您老了，跟不上现在的形势啦，就别管了。"她不行，还非管不可。儿女不听她的，她就来火，到处狂轰滥炸，又放炮，又扔炸弹的，成了飞机老太太、大炮老太太。为什么这样说呢？她到姑娘家里，呜嗷喊叫地造一通，人家不听她的，把她气够呛，她也把人家气够呛。在姑娘家炸冒烟了，撂下跑了。再到儿子家，又喊一通，又炸一通，把儿子一家整生气，又跑了。这不是飞机老太太、大炮老太太吗？这样的老人不对，会克儿女。儿女最怕老人克。儿女孝不孝你别管，那是他们的问题。当老人的只管尽自己的慈道，其他的一概不管，这就叫尽道不要道。

那老人该怎么办呢？家事别管，做什么就吃什么，买什么就穿什么，得空哄哄孙子，领孙子玩儿，那多好啊！往内观，观自在，专观我这老太太、老爷子会不会当。真老太太、真老爷子都不管闲事。王凤仪先生常说，他那个时代老爷子都乐意管事，老早就起来，拿个棍子在炕沿上敲，喊年轻人起来，谁不起来就骂谁。管有什么用呢？你不知止，儿女不能进，必须要止住。有山靠山，无山独立。你要总是操心费力的，当儿女的就不往前进，养成一个坏的习惯，不会过日子了。

## （二）不专制儿女婚事

很多老人都对儿女有一种要求，特别是在儿女的婚事上。有些父母不同意孩子的婚事，孩子因此得了心理病、忧郁症，甚至精神分裂症。我碰到不少这样的孩子，父母还认为是儿女不听话，儿女狠心。我说："你错了！你以为儿子是你的固定资产吗？不对，那是国家的财富，是人民的财富，不过暂时让你保护而已。就像钱财一样，钱财是谁的？是老天的，只是暂时存放在你那里。若会用（为众人谋福祉），永久是你的；不会用（只知个人享用），老天立马要收回去。人也是一样，你用不好，一场病病死了，就收走啦。到时候你又哭又嚎的，搬石头砸天都够不着，所以人得想开些。"

还有一些情况正好相反，因为儿女在婚事上不听从自己的安排，父母自己生气长病了。王凤仪先生告诉我们，对于儿女的婚事，千万不要专制，更不要强行拆散，否则对父母、对子女，都没有好处。